HIGHLIGHTS USA

DIE 50 ZIELE, DIE SIE GESEHEN HABEN SOLLTEN

HIGHLIGHTS USA

Christian Heeb
Margit Brinke
Peter Kränzle

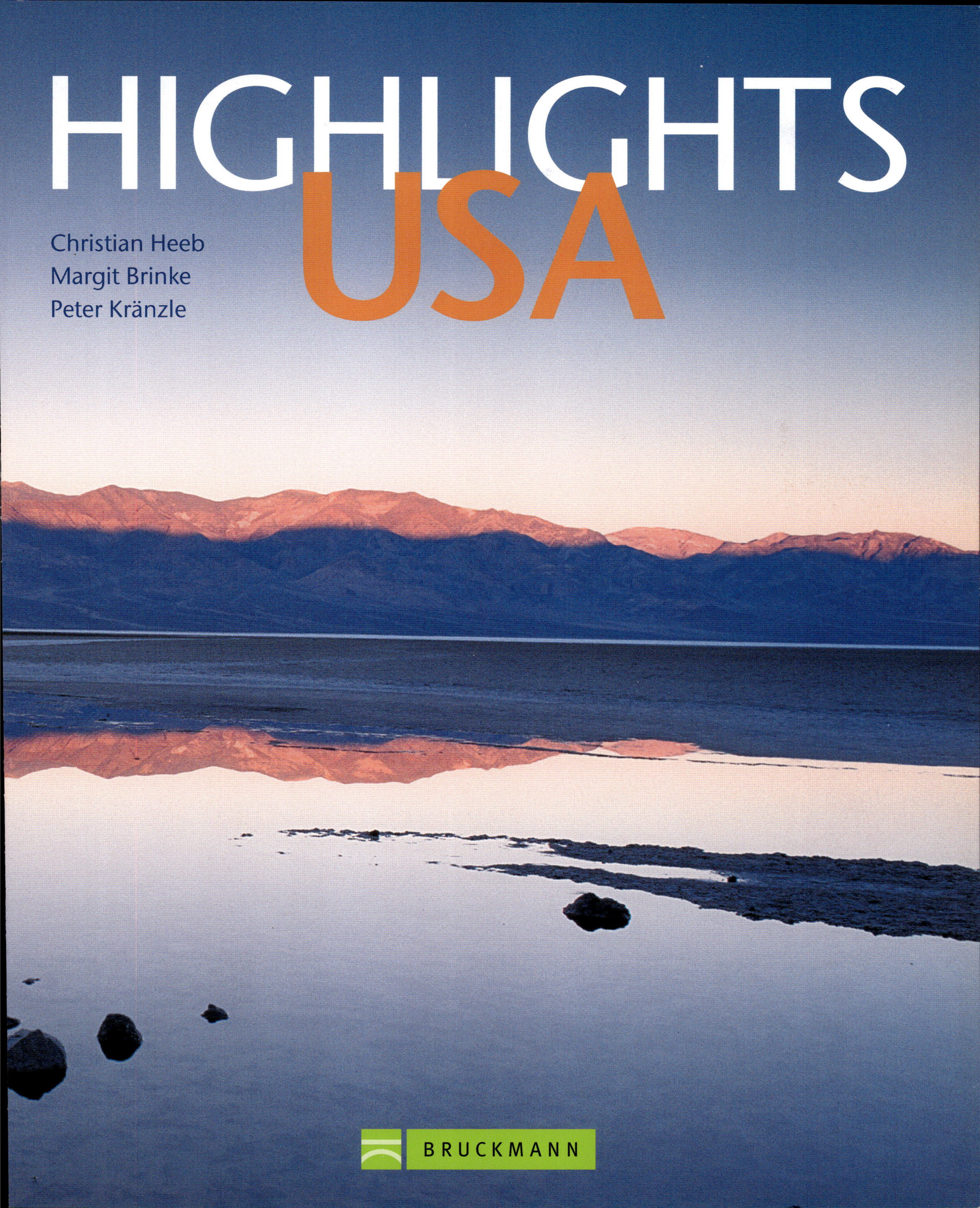

BRUCKMANN

Die Vielfalt der USA ist in jeder Hinsicht beeindruckend: landschaftlich, kulturell, architektonisch, ethnisch ... Die Palette reicht von schillernden Metropolen wie New York über geschichtsträchtige Orte wie New Orleans bis hin zu den endlosen Sandstränden Floridas ...

Inhaltsverzeichnis

... oder von den grandiosen Wüstenlandschaften des Südwestens – wie dem Monument Valley –, über romantische Weinberge wie jene im Norden Kaliforniens bis hin zur zerklüfteten Pazifikküste, die durch den legendären Highway 1 erschlossen wird.

K A N A D A
Vancouver
Calgary
Regina
Win
Olympic National Park
49
WASHINGTON
Columbia
Seattle
50
Spokane
Glacier National Park
Coeur d'Alene
Browning
Havre
Malta
Wolf Point
Williston
Minot
48
Astoria
47
Mount St. Helens
2549
Columbia
Portland
Salem
Walla Walla
Pendleton
Missoula
Great Falls
Missouri
Helena
MONTANA
Lake Sakakawea
Theodore Roosevelt National Park
NORTH DAKOTA
Gra
Dickinson
Medora
Bismarck
Jamestown
Fargo
Coos Bay
Eugene
Bend
OREGON
Butte
Bozeman
Billings
Dillon
Yellowstone National Park
43
New Agency
Crater Lake National Park
46
IDAHO
Missouri
Medford
Crescent
Redwood National Park
Klamath Falls
Boise
Grand Teton National Park
Cody
Dayton
Sheridan
Buffalo
SOUTH DAKOTA
Spearfish
Rapid City
Pierre
Eureka
4317 Mount Shasta
Snake River
Idaho Falls
4202 Gannett Peak
Riverton
Mount Rushmore
44
Badlands National Park
Sioux Falls
Redding
Lassen Volcanic National Park
Pocatello
Twin Falls
Alpine
WYOMING
Casper
Coast Ranges
Sierra Nevada
Great Basin
Great Salt Lake
Rocky Mountains
Rock Springs
Scottsbluff
36
Reno
39
Carson City
Salt Lake City
Cheyenne
NEBRASKA
North Platte
Sacramento
37
San Francisco
Oakland
Provo
Yosemite National Park
38
NEVADA
Ely
UTAH
Rocky Mountain National Park
Lincoln
Great Basin National Park
Boulder
Denver
45
Grand Jct.
Salinas
Kings Canyon National Park
Fresno
Moab
Arches National Park
36
Death Valley National Park
40
Bryce Canyon National Park
Canyonlands National Park
Colorado Springs
Salina
To
CALIFORNIA
Zion National Park
Lake Powell
COLORADO
Pueblo
KANSAS
San Luis Obispo
Las Vegas
34
Mesa Verde National Park
41
Durango
Bakersfield
Grand Canyon National Park
32
Kayenta
Wichi
36
Shiprock
Santa Barbara
Kingman
33
35
Anaheim
Los Angeles
Flagstaff
29
Gallup
33
Santa Fe
U S A
Joshua Tree National Park
ARIZONA
33
29
Albuquerque
29
Amarillo
Oklahoma City
29
San Diego
Colorado
Phoenix
Rio Grande
NEW MEXICO
OKLAHOMA
PAZIFISCHER OZEAN
Yuma
Wichita Falls
Tucson
Lordsburg
Lubbock
Saguaro National Park
Nogales
Las Cruces
Carlsbad Caverns National Park
Fort Worth
El Paso
Abilene
Dal
Midland
Odessa
TEXAS
Waco
Big Bend National Park
Austin
San Antonio
42
M E X I K O
Corpus Christi
Brownsville

Québec
Montréal
Toronto
Detroit
Chicago
New York City
Boston
Houlton
MAINE
Bar Harbour
Augusta
VM
Montpelier
NH
Burlington
Portland
Manchester
MA
Springfield
RI
CT
Newport
Cape Cod
NH = New Hampshire
MA = Massachusetts
CT = Connecticut
RI = Rhode Island
NEW YORK
Lake Ontario
Rochester
Syracuse
Albany
Hudson
Niagara Falls
Buffalo
Binghampton
Lake Erie
Erie
PENNSYLVANIA
NEW JERSEY
Harrisburg
Philadelphia
Atlantic City
Pittsburgh
Gettysburg
Baltimore
DELAWARE
Washington, D.C.
MARYLAND
Lake Superior
Duluth
Sault Ste.-Marie
Lake Huron
WISCONSIN
Saint Paul
Eau Claire
Green Bay
Lake Michigan
MICHIGAN
Grand Rapids
Milwaukee
Madison
IOWA
Davenport
Des Moines
Toledo
Cleveland
OHIO
Ohio
Columbus
Wheeling
Dayton
Cincinnati
INDIANA
Indianapolis
Terre Haute
ILLINOIS
Preoria
Springfield
Kansas City
St. Louis
MISSOURI
Springfield
Louisville
Lexington
KENTUCKY
WEST VIRGINIA
Charleston
Monticello
Richmond
Newport News
Norfolk
VIRGINIA
Roanoke
Appalachian Mountains
Winston-Salem
Greensboro
Raleigh
NORTH CAROLINA
Fayetteville
Charlotte
Asheville
Knoxville
Nashville
Great Smoky Mountains National Park
TENNESSEE
Chattanooga
ARKANSAS
Arkansas
Little Rock
Mississippi
Memphis
Tennessee
Tupelo
MISSISSIPPI
Columbus
Birmingham
Atlanta
Columbia
SOUTH CAROLINA
Florence
Augusta
Charleston
Macon
Savannah
Texarkana
Greenville
Shreveport
Meridien
ALABAMA
Montgomery
GEORGIA
Vicksburg
Jackson
Red River
Natchez
Hattiesburg
LOUISIANA
Mobile
Baton Rouge
Pensacola
Panama City
Tallahassee
Jacksonville
St. Augustine
FLORIDA
Lafayette
New Orleans
Disney World
Cape Canaveral
Orlando
Tampa
St. Petersburg
Sarasota
W.Palm Beach
Fort Lauderdale
Fort Myers
Miami
Everglades National Park
Key West
Florida Keys
ATLANTISCHER OZEAN
GOLF VON MEXIKO
N
250 km
155 miles
Traumziele

Aufregende Weltmetropolen ziehen Jahr für Jahr Millionen Besucher aus aller Welt an. Das Angebot reicht von New York – mit der Freiheitsstatue als Symbol – über die Glitzerstadt Las Vegas und die Wolkenkratzerschluchten Chicagos bis hin zum nebelverhangenen San Francisco.

Traumland Amerika

»Amerika, du hast es besser als unser Kontinent, der alte,
hast keine verfallenen Schlösser und keine Basalte.
Dich stört nicht im Innern zu lebendiger Zeit
unnützes Erinnern und vergeblicher Streit.«

Schon Deutschlands größter Denker und Dichter, Johann Wolfgang von Goethe, hatte seinen Traum von Amerika. Denn spätestens seit dem 18. Jahrhundert übten die Vereinigten Staaten von Amerika eine magische Anziehungskraft auf die Deutschen aus.

In mehreren Schüben wanderten zahllose Deutsche schon seit Ende des 17. Jahrhunderts ins Traumland Amerika aus – kein Wunder, dass sich heute etwa ein Viertel aller US-Amerikaner auf deutsche Vorfahren beruft. Bis ins frühe 20. Jahrhundert galt sogar die deutsche Sprache als wichtigste im »Land der unbegrenzten Möglichkeiten«. Es hätte nicht viel gefehlt und man hätte Deutsch zur offiziellen Landessprache erklärt. Heute, im Zeitalter moderner Technik und schneller, zuverlässiger Fortbewegungsmittel, zieht es mehr Deutsche denn je – zumindest für begrenzte Zeit – über den »Großen Teich« in die »Neue Welt«. Schließlich bietet sie eine Vielfalt an Landschaften und Städten, Kulturen und Ethnien, Attraktionen und Museen, die einmalig ist auf der Welt.

Umso schwieriger fiel es, eine Auswahl von 50 Highlights zu treffen. Jeder Besucher und erst recht jeder Amerikaner könnte da sicher schnell seine persönlichen Vorlieben nennen – und am Ende fielen die Listen vermutlich ganz unterschiedlich aus. Und doch hätten sie alle ihre Berechtigung. Allgemein gültige »Top 50«, die alle zufrieden stellen, kann es nicht geben und deshalb gleich vorweg: Sollten Sie hier das eine oder andere Highlight vermissen oder für überflüssig halten, dann ist das keine Willkür oder Fehlerhaftigkeit. Die Liste unserer 50 Ziele berücksichtigt nicht nur geografische Gesichtspunkte, sie ist auch eine ausgewogene Mischung aus Naturdenkmälern und historischen Orten, modernen Metropolen und Einzelmonumenten. Zudem sieht unsere Auswahl ausschließlich Orte und Attraktionen vor. Persönlichkeiten, Festivals und andere Ereignisse mussten wir beiseitelassen, da sie den Rahmen dieses Bildbandes gesprengt hätten.

Im Mittelpunkt stehen 50 Ziele, verteilt auf fünf große geografische Regionen: Nordosten, Süden, Mittlerer Westen, Südwesten und Nordwesten. Seit langem weltberühmte Highlights sind da-

Landschaftliche Vielfalt in den USA: Der Franconia Notch State Park in den White Mountains/New Hampshire (oben), der Capitol Reef National Park in Utah (Mitte), weiße Pelikane an Floridas Küste (unten) und endlose Weite in Arizonas Monument Valley (rechts oben).

runter – wie die Niagara Falls, der Grand Canyon, New York und Chicago. Doch auch weniger bekannte Monumente und Orte – beispielsweise Colonial Virginia, Gettysburg, Milwaukee und Astoria – sollen zur Sprache kommen, da sie dazu beitragen, einen Einblick in die unglaubliche Vielfalt des Landes zu geben.

Landschaftliche und historische Vielfalt

Die »Top 50« zeigen zum einen die landschaftliche Vielfalt der USA auf und zum anderen die maßgeblichen, regional unterschiedlichen historischen Entwicklungen. Während der Nordosten als Katalysator eines selbstständigen, demokratischen Staats, als Wiege der Demokratie, fungierte und durch das Waldland zwischen den Großen Seen und dem Atlantik geprägt ist, weht im amerikanischen Süden noch heute ein Hauch der Plantagen-Vergangenheit. Zudem leidet der Süden im Stillen noch immer an seinen Wunden aus dem verlorenen Bürgerkrieg zwischen 1861 und 1865. Dennoch haben sich Städte wie Charleston, Natchez und Savannah ihren alten Südstaaten-Reiz erhalten und entführen den Besucher in eine längst vergangene Epoche.

Der Mittlere Westen sieht sich selbstbewusst als »Heartland«, das Herz der USA. Hier scheinen der Horizont, die Felder, aber auch das Grasland der Prärie endlos zu sein. Die Menschen sind genügsam und konservativ, hemdsärmelig und gastfreundlich. Eisenbahn und

Minen, Siedlertrecks und Indianer, Ranches und Büffel spielten und spielen hier und im angrenzenden Nordwesten eine maßgebliche Rolle. Dorthin gelangten europäische Siedler und Amerikaner von der Ostküste erst in der zweiten Hälfte des 19. Jahrhunderts. Indianer, die ihre Heimat gefährdet sahen, bekämpften sie vehement. Trotz moderner Metropolen wie Portland, Denver und Seattle ist der Wilde Westen bis heute lebendig. Daneben sind es jedoch die unberührte Natur und die Weite der Landschaft zwischen Prärie, Rocky Mountains, Hochebenen und Pazifik, die einem den Atem verschlagen und für bleibende Erinnerungen sorgen.

Der Südwesten präsentiert sich dagegen nicht nur klimatisch und geografisch völlig anders: Überwiegend Wüstenlandschaft, hier prägen die indianischen Urbevölkerung und die spanisch-mexikanischen Bewohner Kultur und Alltag, Geschichte und Traditionen, Küche und Feste, Sprache und Kunst. All das verleiht diesem Teil der USA einen exotischen Charakter. Geografisch nahe liegend ist Kalifornien dem Südwesten zugeordnet, auch wenn der Bundesstaat eigentlich als eigenständige Region zwischen Wüstenland, Kaskadengebirge und Pazifik zu betrachten ist.

Geburtsort der modernen Demokratie

Es war ein wegweisender Tag, jener 4. Juli 1776: Damals erklärten sich in Philadelphia die ehemaligen 13 britischen Kolonien in Nordamerika mit der

Die schneebedeckten Cascade Mountains in Oregon (oben), ein reißender Fluss in den Appalachen in Virginia, ein Weißkopfadler, Amerikas Wappentier (unten) oder die wildromantische Küste im Ecola State Park/Oregon (links) sorgen für Abwechslung auf einer Reise durch die USA.

Die USA sind ein Land mit vielen Gesichtern: Winzer bei einer Weinprobe in Kalifornien (links oben), mexikanischer Landarbeiter beim Chili-Verkauf in New Mexico (links Mitte), ein Blues-Musiker in Chicago (links unten), indianische Tänzer beim Powwow in New Mexico (rechts) und ein einsamer Straßenmusikant (rechte Seite).

»Declaration of Independence« für unabhängig vom Mutterland. Verbissen und aufopferungswürdig verteidigte die von George Washington befehligte Armee der Kolonisten diese Unabhängigkeit. Anfangs den britischen Truppen, die damals die beste Armee der Welt stellten, haushoch unterlegen, gelang es den Aufständischen unter Mithilfe des preußischen Offiziers von Steuben und mit französischer Unterstützung, die Briten am 19. Oktober 1781 beim kleinen Hafenstädtchen Yorktown in Virginia zu bezwingen. Der modernen Demokratie stand damit nichts mehr im Weg: Am 17. September 1787 unterzeichneten 42 Männer, darunter George Washington und Thomas Jefferson, in Philadelphia die erste moderne demokratische Verfassung.

Eine Reise mit 50 Stationen

Ausgehend von New York, der schillernden Weltmetropole im Nordosten der USA, geht die Reise mit 50 »Stopps« durch das »Land der unbegrenzten Möglichkeiten«. Dabei stehen mal spektakuläre Naturdenkmäler im Zentrum, dann wieder moderne Metropolen, oder der Besucher wird auf eine Zeitreise in die bewegte Vergangenheit dieses unfassbaren Landes geschickt. Bekanntem wird man bei dieser fiktiven Reise zwischen Atlantik und Pazifik, Golf von Mexiko und Kanada ebenso begegnen wie weniger Bekanntem. Und nun kann es losgehen, ganz im Sinne des ehemaligen Präsidenten Bill Clinton: »America is more than the land we live in – it's an idea!«

RAILROAD
CROSSING

Im Waldgebiet zwischen den Großen Seen und dem Atlantik liegt das Kernland der USA. Oben: Einlauf der Queen Elizabeth II. im Hafen von New York. Mitte: Frühlings-Blütenpracht in den White Mountains von New Hampshire. Unten: Idylle in New England. Rechts: Mondaufgang auf Cape Cod, Massachusetts.

Der Nordosten der USA

Am Times Square tobt rund um die Uhr das Leben. Hier an den »Crossroads of the World«, wie ihn einmal Jack Kerouac nannte, schlägt das Herz der Stadt. Leuchtreklamen erhellen die Nacht, Theater laden zum Besuch und der Broadway lockt zum Einkaufsbummel.

1 New York – die Stadt, die niemals schläft

Stadt ohne Maßstäbe

»Mit Worten werde ich New York nie erfassen. Ich denke auch nicht mehr daran, diese Stadt zu erfassen – ich löse mich in ihr auf ...« Wie Simone de Beauvoir in »Amerika Tag und Nacht« (1950) geht es vielen Besuchern: Sie kommen aus dem Staunen nicht mehr heraus. Und wie die New Yorker, die selbst eine Art Hassliebe zu ihrer Stadt pflegen, sind auch die Reisenden hin und her gerissen. Einerseits stoßen sie Lärm und Hektik, die permanente Reizüberflutung und die extremen Gegensätze ab, andererseits ziehen sie gerade diese Kontraste, Fülle und Andersartigkeit wieder magisch an.

New York ist eine Stadt, die keine Ruhe findet und niemals schläft. Hier ist der Wandel die einzige Konstante und das Extreme ein Markenzeichen. New York gibt sich bunt und schrill, vielgestaltig und pulsierend. New York ist ein ethnischer Mikrokosmos auf engstem Raum, ist seit je Anlaufpunkt für Einwanderer aus aller Welt. Und dennoch, New York ist kein »Melting Pot«, kein Schmelztiegel, wie gerne behauptet wird, sondern ein Mosaik, in dem jedes Steinchen zunächst für sich selbst steht und erst aus der Ferne betrachtet ein harmonisches, farbenfrohes Ganzes ergibt.

»New York ist eine gemeine Stadt, eine schmutzige Stadt. Sein Klima ist ein Skandal, seine Politik lehrt Kindern das Fürchten, sein Verkehr ist Wahnsinn, sein Wettbewerb mörderisch. Aber eins ist klar – wenn du einmal hier gelebt hast und New York deine Heimat geworden ist, gibt es keinen besseren Platz auf der Welt.« Schon John Steinbeck (»The Making of a New Yorker«, 1954) wusste, dass New York mit den meisten anderen amerikanischen Großstädten wenig gemeinsam hat.

Alt und Neu gehen hier eine ungewöhnliche Symbiose ein, in der Architektur verschmelzen Pluralismus und Eklektizismus zu einem grandiosen Stadtbild. Repräsentative, detailreich verzierte historisierende Bauten stehen neben stromlinienförmigen, verspiegelten Glas-

Prudential
SAMSUNG
SAMSUNG
SUNTORY
WHISKY
The Heavenly
Coffee
1/mod.
A very limited
collection.

Alt und Neu gehen in New York eine ungewöhnliche Symbiose ein. Die Brooklyn Bridge von 1883 (oben), ameisengleiches Gewimmel am modernen Times Square (Mitte), staunende Besucher auf der Aussichtsplattform »Top of the Rock« (unten) und faszinierender Kontrast von Grand Central Terminal und Chrysler Building (Rechte Seite).

palästen, hübsch renovierte Brownstone-Häuschen nicht weit von monotonen Betonblöcken. Seit über einem Jahrhundert gilt New York neben Chicago als die »Stadt der Wolkenkratzer«, und der Skyscraper ist zum Synonym der New Yorker Gesellschaft geworden: Jeder Bau ist individuell und doch formen alle zusammen ein homogenes Stadtbild.

»Do your own thing«

»Jeder ist sich selbst der Nächste« – diese radikale Ellbogenmentalität war lange Zeit das Lebensmotto der New Yorker. Schon 1774 beklagte der spätere zweite US-Präsident, John Adams, dass es den New Yorkern an Manieren fehle. Für den Rest der USA galten seitdem die New Yorker als unfreundlich, hektisch, zynisch, rücksichtslos und arrogant. Doch das sollte sich an einem sonnigen Herbsttag, dem 11. September 2001 – kurz »9/11« genannt – ändern. Als Terroristen zwei entführte Passagierflugzeuge in die beiden Türme des World Trade Center steuerten und damit nicht nur eine weltberühmte Sehenswürdigkeit zerstörten, sondern gleichzeitig Tausende von Menschen töteten, war der Schock groß.

Dieses katastrophale Ereignis brachte eine ganz andere Seite im Wesen der New Yorker zum Vorschein: Mit eiserner Disziplin, vormals unbekannter Solidarität und selbstloser Hilfsbereitschaft krempelten die New Yorker die Ärmel hoch und packten an. Statt in Apathie, Selbstmitleid und Trauer zu verfallen, ging man aufeinander zu und verbrüderte sich in bis dahin undenkbarer Weise. Die Stadt ist zweifellos an dieser Katastrophe gewachsen, und die ehemals narzisstischen und selbstverliebten New Yorker haben sich nachhaltig zum Positiven verändert.

Symbol für Multikulti

»If I can make it there, I'll make it anywhere«, sang schon Frank Sinatra. Seit Generationen vertrauen Menschen aus aller Welt darauf, ausgerechnet hier ihren Lebenstraum – sinnbildlich den Aufstieg vom Tellerwäscher zum Millionär – verwirklichen zu können. So verweist die Stadt stolz auf eine lange Liste bedeutender Persönlichkeiten aus allen Bereichen, die hier geboren sind oder die Stadt zur Heimat machten: Barbara Streisand, Liza Minelli, Paul Auster, Tom Wolfe, Andy Warhol, Woody Allen, George Gershwin, Henry Miller, Duke Ellington, Count Basie, Josephine Baker, Dizzie Gillespie, Charlie Parker, Miles Davis, Ella Fitzgerald, Ray Charles, James Brown und Aretha Franklin – um nur einige zu nennen ...

Menschen wie diese und »9/11« haben New York noch stärker zum Symbol für die Welt gemacht. Von jeher prägen kulturelle, ethnische und ökonomische Unterschiede die Stadt. Erst durch sie stieg New York zur einzigen wirklichen Weltmetropole auf. Hier tummelte sich schon immer ein buntes Völkergemisch, das mehr oder weniger tolerant nebeneinander lebt. Glaubt man sich in der einen Straße nach Jerusalem versetzt, taucht man in der nächsten in eine asia-

tische Metropole ein, duftet in einem Viertel italienische Pizza, wird nebenan Spanisch gesprochen. Die einzelnen Ethnien bilden ihre eigenen Enklaven, in denen sie Sprache, Religion, Kultur sowie Lebens- und Essensgewohnheiten beibehalten und so für das typische Gepräge eines Viertels sorgen.

Manhattan und mehr

Spricht man von New York, denkt man meist nur an Manhattan, einem kleinen Teil der Metropole im gleichnamigen Bundesstaat New York. Bei diesem »Gesicht« New Yorks handelt es sich um eine gut 21 Kilometer lange und knapp vier Kilometer breite Insel. Sie ist im Westen durch den Hudson River vom Festland abgeschnitten; im Norden und Osten begrenzen sie der Harlem River und der East River. Offiziell hat New York City zurzeit mehr als acht Millionen Einwohner, davon lebt aber nur rund ein Fünftel in Manhattan.

Manhattan besteht aus einer Reihe eigenständiger Stadtteile: Downtown, der Südteil der Insel, umfasst das so genannte Lower Manhattan, das gesamte Areal südlich der 14th Street mit dem »Village«. Als Pufferzone fungieren zwischen 14th und 34th Street Gramercy und Chelsea, ehe sich Midtown (34th bis 59th Street) mit dem legendären Theater District und dem Times Square anschließt. »Uptown« heißen die Viertel nördlich der 59th Street beidseitig des Central Park. Und »Upper Manhattan« bezeichnet schließlich die Region nördlich des Central Park bis zur Nordspitze der Insel.

Doch New York ist natürlich nicht nur Manhattan, sondern bildet zusammen mit vier weiteren Stadtteilen eine Megalopolis. Manhattan ist flächenmäßig sogar der kleinste »borough«. Nördlich davon, auf dem Festland, erstreckt sich die Bronx, und auf Long Island, der rund 190 Kilometer langen, dem Festland vorgelagerten Atlantikinsel, befinden sich gleich zwei Stadtteile: Brooklyn und, als größter Teil, Queens. Im Südwesten, jenseits des Hudson River, liegt als letzter »borough« die Insel Staten Island.

NEW YORK KULINARISCH

Susan Rosenbaum ist eine kontaktfreudige junge Dame, Absolventin des French Culinary Institute und Tourguide. Ihre »Enthusiastic Gourmet Touren« führen in die vormals jüdische Lower East Side, in alteingesessene Läden, Delis und Restaurants. Man lernt, was »kosher« und »parve« heißt und probiert jüdische Spezialitäten wie Knishes, Rugelach und Salzgurken. »Katz's Delicatessen« steht ebenso auf dem Programm wie der Feinkostladen »Ross & Daughters«, die »Pickle Guys«, »Yonah Schimmel Knishery«, »Gertel's Bakery«, »Kossar's Bialys« oder »Streit's Matzen-Bäckerei«. Susan bietet auch einen Chinatown-Rundgang und eine Kombitour, »The Melting Pot«, an.
The Enthusiastic Gourmet
Tel. (6 46) 209 47 24,
www.enthusiasticgourmet.com

WEITERE INFORMATIONEN ZU NEW YORK

NYC & Company c/o. Aviareps Tourism GmbH: Tel. (0 89) 23 66 21-0; Broschüren: Tel. (0 89) 23 66 21 34, Fax (0 89) 23 66 21 99.
Websites: www.newyork.de, www.nycgo.com

verizon

Die New Yorker Museen decken ein riesiges Spektrum ab: Allein unter den Highlights reicht es von wegweisenden modernen Sammlungen wie dem Whitney Museum of American Art (links), dem riesigen Metropolitan Museum (rechte Seite links), dem architektonisch auffälligen Guggenheim (rechte Seite rechts) bis hin zum Museum of Modern Art.

2 New Yorker Kunstgenuss

Die Museen des »Big Apple«

Es gibt viele Attraktionen in New York, die man gesehen haben muss: die Freiheitsstatue, die Brooklyn Bridge, den Times Square, – die Liste ließe sich fortsetzen. Einen wichtigen Teil im Besichtigungsprogramm spielen jedoch die Museen, die ein breites Spektrum abdecken: von den »Kathedralen der Kunst« wie dem Metropolitan Museum, dem Guggenheim und dem Museum of Modern Art bis hin zu ausgefallenen wie dem New York Transit Museum oder dem Museum of Sex.

Der japanische Architekt Yoshio Taniguchi stand vor keiner leichten Aufgabe, als man ihn beauftragte, den Anbau des Museum of Modern Art, kurz »MoMA«, zu planen. Schließlich hatten 1939 Philip Johnson und 1984 Cesar Pelli hohe Maßstäbe gesetzt. Als im November 2004 Taniguchis Bau aus tiefschwarzem Granit, Aluminium und Glas eröffnet wurde, fiel dieser dann auch weniger durch spektakuläre Architektur auf als vielmehr durch Zweckmäßigkeit und vornehme Zurückhaltung. Eine geräumige Lobby und ein hohes Atrium lassen das Museum hell und luftig wirken und geben den ausgestellten Werken von Künstlern des Impressionismus bis hin zur Gegenwart den passenden Rahmen.

Besuch im Tempel der Kunst

Das Metropolitan Museum of Art und das Guggenheim Museum sind zwei Highlights unter den vielen Kulturinstitutionen, die sich entlang der Fifth Avenue an der Ostseite des Central Park aneinanderreihen und die »Museums Mile« bilden. Angefangen mit der Frick Collection, der Kunstsammlung des Stahlmagnaten Henry Clay Frick (1849–1919) in seinem einstigen Stadtpalais in der 79th Street, erstreckt sich dieser Abschnitt der Fifth Avenue bis hinauf zum historischen Museum of the City of New York und zum Museo del Barrio in der 105th Street.

Der mächtige Bau des Metropolitan Museum erinnert an einen antiken Tempel. Auch die Sammlung wird dem anspruchsvollen Ruf als »Tempel der Kunst« gerecht. 1870 gegründet, befindet sie sich seit 1880 an dieser Stelle. Hinter mächtigen Mauern, in verschiedenen Gebäudeteilen und auf mehreren Ebenen, ist hier die wohl größte Kunstsammlung der westlichen Welt zu Hause. Der ständig erweiterte Museums-

komplex ist so groß, dass darin komplette Bauten, wie ein rekonstruierter ägyptischer Tempel aus der römischen Kaiserzeit, Platz finden. Kein Wunder, dass man hier nicht nur leicht die Orientierung, sondern auch das Zeitgefühl verliert. Auf keinen Fall auslassen sollte man aber den American Wing mit Meisterwerken amerikanischer Künstler, speziell als Ergänzung zum Whitney Museum of American Art.

Bummel auf der Museumsmeile

Seit 1959 das Solomon R. Guggenheim Museum eröffnete, staunen Besucher über den ungewöhnlichen Bau von Frank Lloyd Wright. Gleich einem auf dem Kopf stehenden Schneckenhaus führt im Inneren eine spiralförmige Rampe nach oben, vorbei an der 1937 von dem Unternehmer Solomon R. Guggenheim ins Leben gerufenen Sammlung moderner und zeitgenössischer Kunst. Vor einigen Jahren durch einen Anbau nach den Plänen des Erbauers Wright ergänzt, macht dieses Museum immer wieder durch spektakuläre Ausstellungen auf sich aufmerksam. Zwischen Metropolitan und Guggenheim liegt ein für deutsche Besucher interessantes Museum: die Neue Galerie. Dieses Museum for German and Austrian Art residiert in einem denkmalgeschützten Beaux-Arts-Gebäude von 1914. Es widmet sich der deutschen und österreichischen Kunst zwischen 1890 und 1940, präsentiert Kunstwerke von Malern wie Klimt, Klee oder Schiele.

Die Liste der sehenswerten Museen ist lang. Sie reicht von Kunstmuseen wie dem Cooper-Hewitt National Design Museum über das Dahesh Museum of Art bis hin zur weltgrößten Sammlung von Judaica im Jewish Museum, das das sehenswerte Holocaust Museum im Battery Park thematisch ergänzt. Während der Schwerpunkt der Morgan Library & Museum historisch-literarisch ist, konzentriert sich das Museum of National History mit dem Hayden Planetarium auf die Naturwissenschaften. Daneben gibt es unzählige Spezialmuseen wie das Museum of Sex, das Skyscraper Museum, das Fire Museum oder das Police Museum.

MUSEUMSBESUCH ZUM SCHNÄPPCHENPREIS

Wer mehrere Museen besuchen möchte, ist mit dem »New York City Pass« bestens bedient. Er gewährt neun Tage lang freien Zutritt zu sechs Attraktionen (American Museum of Natural History, Guggenheim, MoMA, Intrepid Sea Air Space Museum (derzeit geschlossen), Circle Line Harbor Cruise und Empire State Building Observatory). Der »New York Pass« schließt sogar 30 Attraktionen und Museen ein, dazu Touren und Rabatte. Er gilt für ein, zwei, drei oder sieben Tage.

WEITERE INFORMATIONEN ZU DEN VERGÜNSTIGUNGSTICKETS

»New York City Pass«
79 Dollar, www.citypass.com
»New York Pass«
ab 75 Dollar (1 Tag),
www.newyorkpass.com
Website: www.newyork.de (Buchen von Eintrittskarten im Voraus)

Die Statue of Liberty (oben, rechte Seite) gilt als das Symbol für Freiheit und Demokratie, als »Nationales Heiligtum« und Pilgerstätte. Ellis Island (rechte Seite) fungierte zwischen 1892 und 1954 hingegen als wichtigste Einwanderungsstation der USA, als Tor in die »Neue Welt«.

3 Liberty Island & Ellis Island

Symbol für Freiheit und Demokratie

»Kommt alle zu mir: die Müden, die Armen, die unterdrückten Massen, die es nach freier Luft gelüstet.« Diese Inschrift von Emma Lazarus auf dem Sockel der Freiheitsstatue untermauert die Bedeutung des Monuments: Es steht vor der Hafeneinfahrt New Yorks als Symbol für Freiheit und Demokratie. Die fast 34 Meter hoch gewachsene Dame gilt als »Nationales Heiligtum«, und die als Nationalpark ausgewiesene Insel ist eine viel besuchte Pilgerstätte.

Die Statue of Liberty war ein Geschenk der französischen Nation an die USA als Anerkennung für Amerikas Vorreiterrolle beim Aufbau eines modernen demokratischen Systems. Schon um 1865 hatten erste Pläne vorgelegen, doch erst zur Hundertjahrfeier der USA im Jahr 1876 hat man ernsthaft begonnen, die Idee in die Tat umzusetzen. 1884 war es dann so weit: Auf der Weltausstellung in Paris präsentierte man erstmals die von Frédéric-Auguste Bartholdi (1834–1904) unter Mithilfe des Ingenieurs Gustave Eiffel (1832–1923) nach dem Vorbild antiker Monumentalfiguren geschaffene Freiheitsstatue.

Die Idee für ein derartiges Monument stammte vom französischen Politiker Lefèvre de Laboulaye, der unter Kaiser Napoleon III. für das »Modell Amerika« schwärmte: Einerseits könnte eine solche Figur die republikanischen Ideale in Frankreich stärken und andererseits die Freundschaft zu Amerika fördern. Dass die Statue in New York City, dem damaligen »Tor zur Neuen Welt« stehen musste, war klar. Bereits beim Einlaufen in den Hafen 1871 entschied sich Bartholdi deshalb für das kleine Bedloe's Island – 1956 in »Liberty Island« umbenannt – als Standort.

Die Freiheitsstatue auf Reisen

Ein Jahr nach der Pariser Weltausstellung hat man die Statue wieder auseinandergenommen und auf die Reise über den Atlantik geschickt. Unter großem Getöse traf sie per Schiff in New York ein. Nach einer großen Parade durch die Stadt enthüllte sie Präsident Grover Cleveland offiziell am 28. Oktober 1886. Sozusagen als Geburtstagsgeschenk erhielt die Freiheitsstatue 100 Jahre später einen kompletten Facelift; dabei entstand im Sockel auch ein überaus sehenswertes Museum.

Heute kann man sich für den Besuch dieser interessanten Ausstellung länger Zeit lassen als früher. Nach dem 11. September 2001 war lange Jahre die beliebte Aussichtsplattform in der Krone gesperrt – früher war sogar die Fackel der höchste besteigbare Punkt. Inzwischen ist das Observation Deck wieder zugänglich, doch sind die Besucherzahlen begrenzt und ist Voranmeldung im Internet notwendig. Zudem muss man sich ab Herbst 2011 auf Renovierungen und damit erneute Schließung gefasst machen. Immerhin kann man durch eine Glasplatte von unten ins Innere der Figur blicken, und schon nur auf der unteren Plattform zu stehen, ist ein unvergessliches Erlebnis!

Das Tor ins »Gelobte Land«

Die kostenlose Staten Island Ferry tuckert gemächlich auf Manhattan zu, da rückt nach der Statue of Liberty ein weiteres Wahrzeichen der Stadt ins Blickfeld: Ellis Island. Zwischen 1892 und 1954 befand sich auf ihr die wichtigste Einwanderungsstation der USA. Rund zwölf Millionen Immigranten aus aller Welt betraten hier erstmals amerikanischen Boden, wurden registriert, befragt, medizinisch untersucht und anschließend zugelassen oder abgewiesen. Nach der Schließung war der Gebäudekomplex vom Verfall bedroht, wurde zum Spielball zwischen den Bundesstaaten New York und New Jersey. So tat man gut daran, im Jahr 1965 hier ein Museum einzurichten.

Heute sind zwar nur wenige der insgesamt rund 35 Gebäude zu besichtigen, doch der Hauptbau mit der beispielhaft renovierten Great Hall, der Ankunftshalle, bildet zusammen mit Fährbüro, Gepäckraum, Schlafsälen, Krankenstation und Speisesaal das sehenswerte Immigration Museum. Anhand von Filmen, Tonaufnahmen, Tagebuchaufzeichnungen, Fotos, Briefen und persönlichen Erinnerungsstücken lässt man in verschiedenen Abteilungen vier Jahrhunderte Einwanderungsgeschichte Revue passieren. Zeugnis davon legt eindrucksvoll auch die Wall of Honor hinter dem Hauptgebäude ab, die in alphabetischer Reihenfolge die Namen aller Zugewanderten nennt.

DIE STATUE OF LIBERTY IN ZAHLEN

Gesamthöhe: 92,99 Meter
Statuenhöhe (Sockel bis Fackel): 46,05 Meter
Figurenhöhe (Ferse bis Scheitel): 33,86 Meter
Länge der Hand: 5 Meter
Länge des rechten Arms: 12,8 Meter
Kopfhöhe: 5,26 Meter
Kopfbreite (von Ohr zu Ohr): 3,05 Meter
Nasenlänge: 1,48 Meter
Gewicht des verwendeten Kupfers/Stahls: 90,7 Tonnen/113,4 Tonnen
Höhe der Basis/des Fundaments: 19,81 Meter
Höhe des Granitsockels: 27,13 Meter

Sowohl zur Statue of Liberty als auch nach Ellis Island verkehren Fähren der Circle Line ab Castle Clinton/Battery Park (zurzeit 17,50 Dollar). Für die Besichtigung der Statue ist eine (kostenlose) Eintrittskarte erforderlich, die es in limitierter Zahl am Fährschalter gibt. Man kann sie aber auch telefonisch (Tel. 2 69-57 55) oder im Internet (www.statuereservations.com/online.asp) bestellen.

WEITERE INFORMATIONEN ZU LIBERTY & ELLIS ISLAND

Statue of Liberty: www.nps.gov/stli; **Ellis Island Immigration Museum:** www.ellisisland.com; **Circle Line Ferries:** www.circlelinedowntown.com; **Ellis Island:** www.nps.gov/elis; **Statue Cruises:** www.statuecruises.com

Oben: Das Massachusetts State House fällt allein wegen seiner mächtigen vergoldeten Kuppel im Stadtbild Bostons auf. Mitte: Das Shaw Monument erinnert an das erste rein afro-amerikanische Bürgerkriegsregiment. Rechte Seite: Der Boston Common gilt als »gute Stube« der Stadt.

4 Boston, die »Grand Old Lady«

Zeitreise auf dem Freedom Trail

»Diese Stadt hat Geschichte ... sie ist kein Zufallsprodukt, keine Windmühle, kein Bahnhof und keine Durchgangsstation, sondern ein Ort der Menschlichkeit, das Zuhause von Menschen mit Prinzipien, die ihren Gefühlen gehorchen und sie umsetzen ...« Es war der berühmte Literat und Philosoph Ralph Waldo Emerson (1803–1882), der mit diesen Worten seiner Heimatstadt Boston ein literarisches Denkmal setzte.

Boston, die Metropole Neuenglands und Hauptstadt von Massachusetts, kann auf eine lange Tradition zurückblicken. Mit Fug und Recht darf sie von sich behaupten, »das geistige Zentrum des Kontinents und damit unserer Erde« zu sein, wie es der Dichter Oliver Wendell Holmes (1809–1894) formulierte. Dank seiner Verlagshäuser, literarischen Salons und Universitäten – allen voran die renommierte Harvard University – galt Boston schon um die Mitte des 19. Jahrhunderts als »Athen Amerikas«, als intellektuelles Zentrum der Neuen Welt. Hier trafen sich Literaten und Denker wie Ralph Waldo Emerson, Henry Wadsworth Longfellow, Henry David Thoreau und Nathaniel Hawthorne. In diesem Umfeld entstanden bedeutende Museen, wie das im Jahr 1909 gegründete, angesehene Boston Museum of Fine Arts. Und von hier stammten Politiker, die der Nation immer wieder neue Wege aufzeigten, so John F. Kennedy (1917–1963), der 35. Präsident der USA.

Puritanische Siedler, die im benachbarten Salem die ersten Kolonie im Nordosten gegründet hatten, beauftragten im Jahr 1630 einen gewissen John Winthrop, in einer geschützten Bucht der Massachusetts Bay einen neuen Hafen anzulegen. Schon um 1700 befand sich hier die drittgrößte Fischereiflotte der englischsprachigen Welt und hatte sich der Ort nach Philadelphia zur dichtest besiedelten Stadt in Nordamerika entwickelt.

Der wirtschaftliche Aufschwung in den Kolonien brachte die englische Krone um 1750 auf die Idee, mittels strengerer Steuergesetze höhere Einnahmen abzuschöpfen. Doch in Boston regte sich Widerstand: Das Boston Massacre von 1770 und besonders die Boston Tea Party im Jahr 1773 leiteten die Loslösung der Kolonien vom englischen Mutterland ein. Ihr folgte die »Declaration of Independence« am 4. Juli 1776, die die Unabhängigkeit endgültig manifestierte.

Boston gilt als intellektuelles Zentrum der Neuen Welt (oben). Beacon Hill (Mitte) zählt zu den vornehmsten Adressen. Auf dem King's Chapel Burying Ground (unten) liegen bedeutende Persönlichkeiten der Stadt und im Boston Common (rechte Seite oben) ist George Washington verewigt. Rechte Seite unten: Shopping in der Newbury Street.

Der Vergangenheit auf der Spur

Auf diese ruhmvolle Vergangenheit ist man heute in Bosten stolz, ohne jedoch rückwärts gewandt zu leben. Dies hat letztlich auch architektonisch zu einem faszinierenden Kontrastreichtum geführt: hier das altehrwürdige Viertel Beacon Hill und die protzige Goldkuppel des State House, dort moderne Glaspaläste und Shoppingmalls, einerseits die Natur und Ruhe des Boston Common, andererseits das geschäftige Downtown Crossing. Die Vergangenheit verbannt man in Boston nicht in ein Museum oder einen Vergnügungspark, vielmehr ist sie entlang dem Freedom Trail omnipräsent.

Dieser 1958 ausgewiesene und rot markierte Pfad schlängelt sich scheinbar unspektakulär durch das bunte Treiben der geschäftigen, modernen Innenstadt. Er passiert 16 historische Orte und Bauten, die in Zusammenhang mit dem Kampf um die Unabhängigkeit stehen. Schlendert man auf dem knapp fünf Kilometer langen Freedom Trail durch Boston, lernt man nicht nur die Geschichte der Stadt und der Unabhängigkeitsbewegung der vormals britischen Kolonien kennen, sondern erlebt hautnah die faszinierende Symbiose aus Alt und Neu, Tradition und Innovation, die die »Grand Old Lady« der Neuen Welt so anziehend macht.

Den Anfangspunkt bildet der zentrale Stadtpark, der Boston Common, und das dank seiner vergoldeten Kuppel unübersehbare Massachusetts State House. Es entstand von 1795 bis 1798 und geht auf die Pläne des damals führenden Architekten Charles Bulfinch zurück. Zu den historisch bedeutenden Plätzen des Trail gehören auch alte Friedhöfe und Kirchen, wie die Park Street Church mit dem Granary Burying Ground, dem ältesten Friedhof der Stadt von 1660, oder die King's Chapel mit dem King's Chapel Burying Ground.

Öffentliche Bauten erinnern an die Tage des Widerstands gegen die britische Krone: Im Old South Meeting House drängelten sich am 16. Dezember 1773 etwa 7000 Menschen, um gegen die vom Mutterland neu erhobene Teesteuer zu demonstrieren. Sie waren es auch, die sich anschließend zur legendären Boston Tea Party versammelten. Vor dem Old State House erschossen am 5. März 1770 britische Soldaten fünf demonstrierende Bürger. Und am 18. Juli 1776 jubelte eine begeisterte Menge erst über die Verlesung der »Declaration of Independence«, um dann zwei Relikte der britischen Macht, Löwe und Einhorn, vom Dach des Old State House zu werfen.

Wiege der Freiheit

Einen Steinwurf vom Old State House entfernt liegen Quincy Market und Faneuil Hall. 1742 erbaut, gilt letztere als »Wiege der Freiheit«. Hier fanden die meisten Versammlungen der Bürgerschaft während des Unabhängigkeitskrieges statt. Während die Bürger sich stets im Obergeschoss trafen, wies das Erdgeschoss von jeher Läden und Imbissstände auf. Der angrenzende

Quincy Market ist seit dem 18. Jahrhundert beliebter Treff und Einkaufszentrum der Bostonians.

Folgt man dem Freedom Trail weiter, gelangt man nach North End, in das älteste Viertel der Stadt. Es war zunächst irisch, dann jüdisch und ist nun italienisch geprägt, besonders um die Hanover Street. Hauptattraktionen sind das Paul Revere House, wo der erste Held der Nation mit seiner Familie lebte. Auch die nahe gelegene Old North Church ist eng mit diesem Mann verbunden.

»One, if by land, and two, if by sea« – diesen Vers aus Henry W. Longfellows Gedicht »Paul Revere's Ride« von 1861 kennt jedes amerikanische Kind. Er erinnert an jene Nacht vom 18. auf den 19. April 1775, als Laternen im Turm der Old North Church den Verfechtern der Unabhängigkeit signalisierten sollten, ob die britischen Truppen auf dem direkten Landweg (eine brennende Laterne) oder über den Fluss (zwei) ins Hinterland marschierten, um die Aufständischen anzugreifen. Der Bostoner Silberschmied Paul Revere (1735–1818) hatte jenseits des Flusses auf dieses Signal gewartet und war sofort losgeritten, um die Führer der Unabhängigkeitsbewegung zu warnen. Revere wurde gefeiert, und der Dichter Longfellow erklärte ihn zum unsterblichen Nationalhelden.

Vieles ist in der alten Metropole in die Jahre gekommen: Die Green Line, die älteste noch betriebene U- beziehungsweise Tram-Bahn der USA, rumpelt mehr schlecht als recht unter, über und durch die Stadt. Doch sie wird heiß geliebt – ebenso wie die unlängst abgeschlossene Verlegung der Autobahn (I-93) in den Untergrund. »The Big Dig«, die »große Wühlerei«, hat der »Grand Old Lady« zu einem deutlichen Facelift verholfen.

DIE WICHTIGSTE NEBENSACHE DER WELT

Boston sieht sich nicht nur als kulturelles und historisches Zentrum, auch die Sportteams der Stadt haben legendären Ruf. Ganz oben in der Gunst stehen die Red Sox (www.redsox.com), die seit 1912 im Fenway Park, dem ältesten Baseball-Stadion der Welt, spielen. Zu den Topteams des American Football gehören die New England Patriots (www.patriots.com), während die Eishockey-Cracks der Boston Bruins (www.bostonbruins.com) mehr von vergangenem Ruhm leben. Ähnlich ergeht es den Basketballern der Boston Celtics (www.celtics.com), die jedoch dank ihrer 16 Meistertitel weltweit zu den erfolgreichsten Profisportclubs zählen.

WEITERE INFORMATIONEN ZU BOSTON

Massachusettts Travel & Tourism, Buss Consulting: Tel. (08151) 73 97 73, www.massvacation.com

Websites

www.discovernewengland.org, www.BostonUSA.com, www.thefreedomtrail.org

Cape Cod (rechte Seite), die in den Atlantik ragende Halbinsel südlich von Boston, war einmal ein beschaulicher, kaum beachteter Landstrich. Erst im späten 19. Jh. entdeckten die Bostonians dieses schöne Stück Natur. Der Südküste Cape Cods vorgelagert ist die ehemalige Walfängerinsel Nantucket (linke Seite), heute ein beliebtes Strandidyll.

5 Cape Cod – Idyll am Ende der Welt

Spielwiese der Bostonians

Heute kann man es sich kaum mehr vorstellen: Cape Cod, diese in den Atlantik ragende Halbinsel südlich von Boston, war einmal ein beschaulicher, kaum beachteter Landstrich am Ende der Welt. Erst als im späten 19. Jahrhundert moderne Verkehrsmittel – zunächst Dampfschiff und Eisenbahn, später dann das Auto – in Mode kamen, entdeckten die Bostonians dieses wunderschöne Stück Natur und machten es zu ihrer privaten Spielwiese.

Die Halbinsel Cape Cod – genau genommen ist sie seit dem Bau des Cape Cod Canals 1914 eine Insel – gleicht einem angewinkelten Arm mit angespanntem Bizeps. Etwa 50 Kilometer ragt die Insel erst nach Osten in den Atlantik hinein, dann noch einmal etwa die gleiche Strecke nordwärts. Die dadurch entstandene Bucht, die Cape Cod Bay, ist bekannt für ihre warmen und strömungsfreien Gewässer – ganz anders als die kalten Strömungen auf der Atlantikseite. Hauptanziehungspunkt sind die kilometerlangen, sauberen Sandstrände, von denen man 1961 ein 11 000 Hektar großes Areal als Cape Cod National Seashore unter Schutz gestellt hat.

Schon früh sprach sich der Fischreichtum des Atlantiks in dieser Region herum. Insbesondere Kabeljau, »cod«, schien es in unerschöpflichen Mengen zu geben – daher auch der Name der Halbinsel. 1620 hatten Pilgrims, die ersten britischen Siedler, beim heutigen Provincetown an Cape Cods Nordspitze, angelegt. Später beschlossen sie jedoch, auf die andere Seite der Bucht überzuwechseln, um dort die Plimouth Plantation zu gründen. Bis der Tourismus im ausgehenden 19. Jahrhundert einsetzte, ging es auf der Halbinsel beschaulich zu: Wampanoag-Indianer und portugiesischstämmige Einwanderer lebten einträchtig vom Fischfang, von Salzgewinnung und dem Walfang.

Unterwegs auf »Down Cape«

Bevor man »Down Cape«, also auf die Halbinsel fährt, sollte man sich einige Orientierungshilfen einprägen: So bezeichnet »Upper Cape« den dem Festland nächstgelegenen Teil. Hier finden sich beschauliche Orte wie Falmouth oder Sandwich, 1637 als erster

Ort auf Cape Cod gegründet und einst sehr bekannt für eine florierende Glasindustrie.

An Upper Cape schließt sich Mid Cape an, etwa vom Barnstable County ostwärts bis Chatham und Orleans, das heißt bis zur »Armbeuge«. Einerseits locken die Ortschaften an der Bucht im Norden, wie Barnstable Harbor oder das malerische Yarmouth Port, wie Dennis, Heimat des ältesten Sommertheaters (Cape Playhouse) oder Brewster mit dem Cape Cod Museum of Natural History. Andererseits bietet die Südküste eine Mischung aus Naturidyll und viel besuchter Feriendestination. Im Hauptort Hyannis erinnert das John F. Kennedy Museum im alten Rathaus an die bekanntesten Urlauber: die Familie Kennedy, die noch heute ein Sommerhaus in Hyannisport besitzt.

Lower Cape bildet den dritten Teil der Halbinsel. Er reicht von der »Armbeuge« bis hinauf an die Nordspitze nach Provincetown. Hier nimmt das Naturschutzgebiet der Cape Cod National Seashore fast das gesamte Areal ein. Sandstrände und hohe Dünen kennzeichnen die östliche Atlantikküste, während sich im Westen, zur Bucht hin, Marschregionen ausdehnen. Abgesehen vom Naturerlebnis, ist das kleine Hafenstädtchen Provincetown sehenswert. Das einst verschlafene Nest haben erst Künstler und Aussteiger, dann Homosexuelle für sich entdeckt. Gemeinsam schufen sie einen Ferienort, den eine heitere und tolerante Atmosphäre auszeichnet.

Inselhüpfen

Die beiden der Südküste Cape Cods vorgelagerten Inseln Nantucket und Martha's Vineyard lassen sich leicht mit Fähren von Hyannis oder Woods Hole aus erreichen. »Nantucket! Nimm die Karte zur Hand und studiere sie!« – mit diesen Worten begann Herman Melville (1819–1891) in seinem 1851 erschienenen »Moby Dick« die Beschreibung der alten, etwa 23 Kilometer langen Walfängerinsel. Heute lebt sie, wie das westlich gelegene Martha's Vineyard, vom Luxus-Tourismus. Wo einst reiche Schiffskapitäne und -eigner residierten, steigen heute bevorzugt Schauspieler, Musiker, Schriftsteller und Politiker ab.

WHALE WATCHING

Angeregt durch den grandiosen Roman »Moby Dick« von Herman Melville, zieht es viele Besucher hinaus auf den Atlantik, um auf Waljagd zu gehen – nicht mit der Harpune, sondern mit Fotoapparat oder Filmkamera. Whale Watching ist für viele Fischer mittlerweile eine lukrativen Einkommensquelle. Von den Hafenstädtchen auf Cape Cod, etwa Provincetown, Hyannis oder Barnstable Harbor, laufen regelmäßig Boote aus (www.whales.net, www.provincetownwhalewatch.com).

WEITERE INFORMATIONEN ZU CAPE COD, NANTUCKET UND MARTHA'S VINEYARD

Discover New England, Kaus Media Services, Tel. (05 11) 899 890 46.
Websites: www.discovernewengland.org, www.visitcapecod.com, www.nantucketchamber.org, www.mvy.com

Mit Niagara Falls sind gleich zwei Wasserfälle gemeint: die Horseshoe Falls in Kanada und die kleineren American Falls auf US-Gebiet. Pro Minute sollen es 150 Millionen Liter Wasser sein, die über die Felswände hinab rund 50 Meter in die Tiefe stürzen, um dann wild schäumend zum Ontario-See zu fließen.

6 Donnernde Wassermassen: Die Niagara Falls

Eines der größten Naturwunder

»Land der glänzenden Wasser« nannten die Indianer die Region der Großen Seen – wegen der endlos erscheinenden Wasserfläche, aber vermutlich auch aufgrund der atemberaubenden Niagarafälle. An der Grenze zwischen der kanadischen Provinz Ontario und dem US-Bundesstaat New York gelegen, gelten die Wasserfälle als eines der größten Naturwunder der Welt.

Genau genommen handelt es sich bei den Niagara Falls um zwei Wasserfälle: die etwa 640 Meter breiten Horseshoe Falls in Kanada und die »nur« 330 Meter breiten American Falls auf US-Gebiet, getrennt durch Goat Island, die Ziegeninsel. Pro Minute sollen es 150 Millionen Liter Wasser sein, die, vom Niagara River aus dem Erie-See herangeschafft, über die Felswände etwa 50 Meter in die Tiefe stürzen, um wild schäumend weiter zum Ontario-See zu fließen.

Vor rund 50 Jahren müssen die donnernden Wassermassen noch weit spektakulärer gewesen sein, hat doch erst der Bau von Wasserkraftwerken und des Saint Lawrence Seaway die Wassermassen der Niagara Falls gebändigt. Der Seeweg verbindet seit 1959 auf etwa 3700 Kilometern die fünf Großen Seen mit dem Atlantik. Fast 184 Meter Höhenunterschied sind dabei vom »Oberen See« zum Meer zu überwinden. Zahllose Dämme und Wassertreppen sorgen dafür, dass auch Ozeanriesen diese Route zurücklegen können.

Fahrt mit der »Maid of the Mist«

Von jeher haben die tosenden Wassermassen Menschen in ihren Bann gezogen und die Niagara Falls im Laufe der Jahrzehnte zu einer florierenden Touristenhochburg gemacht: Jahr für Jahr bestaunen mehr als zwölf Millionen Besucher das Naturwunder. Seit 1846 hat die »Maid of the Mist« schon viele mit auf atemberaubende Fahrt genommen. Heute steuert man auch kleine Ausflugsdampfer möglichst nahe an die Wasserfälle und die dichten Gischtschwaden heran.

Die hier ursprünglich lebenden Irokesen begegneten den »donnernden Wassern«

immer mit großem Respekt und Ehrfurcht. Doch die ersten europäischen Siedler und Missionare, die sie als Eindringlinge lange Zeit nicht duldeten, wollten ihren Erzählungen über die Wasserfälle nicht glauben. Die Indianer waren es auch, die den Fällen ihren Namen, »Onguiaahra«, gaben, wovon europäische Siedler später die Bezeichnung »Niagara« ableiteten. Erst im späten 17. Jahrhundert gelangten mehr und mehr Trapper und Missionare zu dem Naturereignis. Der Priester Louis Hennepin war der Erste, der die Niagara Falls um 1700 mit einer Zeichnung in seinem Buch »Nouvelle Découverte« einer breiteren Öffentlichkeit bekannt machte. Seitdem reißt der Strom an Besuchern aus aller Welt nicht ab; unter ihnen waren auch Berühmtheiten wie beispielsweise Karl May. Er hatte Bände über den Wilden Westen gefüllt, ohne ihn jemals gesehen zu haben, dafür machte er aber auf seiner einzigen USA-Reise Bekanntschaft mit den Niagara Falls.

Die »wandernden« Wasserfälle

Die Entstehung der Niagara Falls ist auf die letzte Eiszeit datiert: Als diese zu Ende ging und die Gletscher allmählich abschmolzen, entstanden die fünf so genannten Großen Seen. Die Verbindung zwischen Erie- und Ontario-See bildet seitdem der Niagara River. Da er zwischen den beiden Gewässern aber etwa 109 Meter Höhenunterschied überwinden muss, waren Wasserfälle eine natürliche Folge. Ursprünglich lagen die Niagara Falls nahe dem heutigen Lewiston (New York) beziehungsweise Queenston (Ontario). Der Fluss gräbt sich jedoch kontinuierlich durch das weiche Gestein, sodass die Wasserfälle immer weiter südwärts auf den höher gelegenen Lake Erie »zuwandern«.

Im Umkreis der Fälle sind die beiden Schwesterstädte Niagara Falls – eine auf kanadischer, die andere auf US-amerikanischer Seite – entstanden. Drei Brücken verbinden die beiden Ufer: die 1941 erbaute Rainbow Bridge, von der aus sich der beste Blick bietet, ein Stück flussabwärts die Whirlpool Rapids Bridge von 1897 als älteste erhaltene Brücke und schließlich die Lewiston-Queenston Bridge als neueste. Man kann dem Niagara River weiter bis zum Lake Ontario auch auf einem Radweg folgen – ein unvergleichliches Erlebnis!

NIAGARA FALLS VON ALLEN SEITEN

Um das Naturwunder in vollen Zügen genießen zu können, sollte man beide Seiten besuchen, auch wenn die Grenzformalitäten etwas Zeit kosten. Zunächst verschafft man sich auf amerikanischer Seite vom Observation Tower aus einen Überblick. Dann spaziert man über die Fußgängerbrücke zu den Bridal Veil Falls, zur Cave of the Winds und zum Terrapin Point mit Ausblick auf die Horseshoe Falls. Auf kanadischer Seite gibt es den Skylon Tower und die Journey Behind the Falls. Höhepunkte sind eine Schifffahrt mit der »Maid of the Mist«, die »Whirlpool Aero Car« – eine Seilbahn von 1916 über den Whirlpool – und die nächtlichen Illuminationen.

WEITERE INFORMATIONEN ZU DEN NIAGARA FALLS

Ontario Tourism, Lieb Management & Beteiligungs GmbH, Tel. (0 89) 689 06 38 38, Fax (0 89) 2 60 40 09
Websites: www.niagara-usa.com, www.niagarafallstourism.com, www.ontariotravel.net, www.iloveny.com

7 Cleveland rockt

Ohios Stadt der Brücken und der Musik

Was verbindet die afroamerikanische Schauspielerin und Oscar-Gewinnerin Halle Berry mit Christoph von Dohnanyi, dem weltberühmten Dirigenten, oder dem Komiker Drew Carey? Die Lösung heißt »Cleveland«, denn jene Stadt zwischen Cuyahoga River und Erie-See ist beziehungsweise war die Heimat dieser Persönlichkeiten. Die alte Hafenstadt, die der bekannte indianische Gesellschaftskritiker Vine Deloria Jr. in den 1970ern noch mit einer »verseuchten und stinkenden Müllhalde« verglich, hat sich in den letzten Jahren herausgeputzt und zur Pilgerstätte der Rockmusikfans gemausert.

Seit der Eröffnung 1995 pilgern Fans in die Rock and Roll Hall of Fame, die »Ruhmeshalle der Rockmusik« im Stadtzentrum Clevelands. Mit rund 60 000 Ausstellungsstücken widmet sie sich dem Rock 'n' Roll und seinen großen Vertretern von den Anfängen bis heute.

Seit der Eröffnung 1995 zieht es Musikfreunde aus aller Welt magisch in die markante, sechs Etagen umfassende Glaspyramide, die Rock and Roll Hall of Fame. Die von dem renommierten New Yorker Architekturbüro I. M. Pei, Cobb, Freed and Partners geplante »Ruhmeshalle der Rockmusik« liegt im Stadtzentrum Clevelands und widmet sich mit rund 60 000 Ausstellungsstücken dem Rock 'n' Roll von den Anfängen bis in unsere Tage.

Wiedergeburt des Rock 'n' Roll

Beach Boys, Beatles, Chuck Berry, Creedence Clearwater Revival, Bob Dylan, Woody Guthrie, Jimi Hendrix, Led Zeppelin, Pink Floyd, Elvis Presley, Queen, Rolling Stones, Santana, Bruce Springsteen, Stevie Wonder, Neil Young – die Liste der Stars, die in diesem Museum zur Sprache, besser zu Gehör, kommen, ist lang. Der Rundgang beginnt mit der Geschichte des Rock 'n' Roll, mit seinen Wurzeln und Einflüssen, seinen lokalen Ausprägungen in Detroit, London, Liverpool, San Francisco oder Los Angeles. Durch die Jahrzehnte hindurch wird der Besucher anhand von Instrumenten, Bühnenaufbauten, Kostümen, Dokumenten, Memorabilien, Filmausschnitten und Videos in die Musik und das Leben seiner Protagonisten eingeführt.

In die eigentliche Hall of Fame, die Ruhmeshalle, werden seit 1986 in verschiedenen Kategorien Musiker aufgenommen und geehrt. Bisher sind es knapp 200. Beliebteste Abteilung im Musik-Museum sind die »500 Songs that shaped Rock and Roll«, 500 Lieder, die Rockgeschichte geschrieben haben und

denen man stundenlang, in Erinnerungen schwelgend, zuhören könnte. Dabei gibt es doch noch so viel zu sehen: ein Kleid von Tina Turner, die Green Card von John Lennon, handgeschriebene Songtexte oder Gitarren von Muddy Waters und Jimi Hendrix. Und am Ende ein riesiger Souvenirladen!

Revitalisierung einer alten Hafenstadt

Mit der Eröffnung eines Kanals zwischen Ohio River und Lake Erie in den 1830ern und dem Bau der Eisenbahn etwa 20 Jahre später, gewann das 1796 gegründete Cleveland als Hafenstadt zunehmend an Bedeutung. Doch erst nach dem Bürgerkrieg entwickelte sich die Region zum »amerikanischen Ruhrgebiet«: Stahlindustrie, Kohle und die Gründung der Standard Oil Company durch John D. Rockefeller 1870 lockten Zuwanderer aus aller Welt an. Noch heute erlebt man die ethnische Vielfalt der Stadt am besten im West Side Market. Seit 1912 gibt es dort internationale Spezialitäten von deutscher Bratwurst über italienische Salami bis hin zu polnischen Würsten.

Wo einst Industrie und Lagerhallen im Westen des Stadtzentrums dominierten, entstanden in den letzten Jahren Wohnungen, Galerien und Boutiquen, Cafés und Lokale. Am University Circle, ein paar Kilometer östlich der Innenstadt, sind Biotechnologie und Gesundheitswesen, angesehene Hospitäler und Forschungsinstitute zu Hause, außerdem acht Museen, ein Botanischer Garten und die Severance Hall. In diesem Konzertsaal tritt das Cleveland Orchestra auf, das bis vor ein paar Jahren der Hamburger Dirigent Christoph von Dohnanyi geleitet hat. Es zählt, auch unter Regie des Österreichers Franz Welser-Möst, zu den angesehensten der Welt. Gegenüber steht nach dem Metropolitan Museum in New York das zweitwichtigste Museum der USA: das Cleveland Museum of Art. 1916 gegründet, bietet es 70 prall gefüllte Galerien mit über 40 000 Kunstwerken von der ägyptischen Antike bis zur Moderne.

IN DER RUHMESHALLE DES AMERICAN FOOTBALL

Die Pro Football Hall of Fame befindet sich in Canton, etwa 60 Kilometer südlich von Cleveland. Hier entstand 1920 mit der American Professional Football Association die erste Profiliga, Vorläufer der berühmten NFL, und deshalb auch 1962 die Ruhmeshalle für den Profi-Football. Hier wird die Geschichte des Profi-Footballs anhand von verschiedenen Medien, Filmen und Dokumenten lebendig, vor allem begeistern die Erinnerungsstücke großer Spieler, Mannschaften und Ereignisse. Den Kern bildet die Ruhmeshalle, wo legendäre Spieler und Trainer verewigt sind.

Pro Football Hall of Fame: 2121 George Halas Drive NW, Canton, Tel. (3 30) 4 56 82 07, www. profootballhof.com

WEITERE INFORMATIONEN ZU CLEVELAND UND DER ROCK AND ROLL HALL OF FAME

Rock and Roll Hall of Fame: 1 Key Plaza, Tel. (2 16) 5 15 19 45.

Websites: www.travelcleveland.com

Rund 50 Museen verschiedenster Genres locken in Philadelphia. Das 1876 gegründete Museum of Art (linke Seite) gilt als drittgrößte Kunstsammlung der USA. Doch auch die moderne Skyline der fünftgrößten Stadt der USA braucht sich nicht zu verstecken (rechte Seite).

8 Philadelphia, »Stadt der brüderlichen Liebe«

Refugium religiöser Freiheit und »Athen Amerikas«

War Boston einst aktiv und maßgeblich am Freiheitskampf beteiligt, bildete Philadelphia das geistige Zentrum der Unabhängigkeitsbewegung der britischen Kolonien in Nordamerika. Zwischen 1790 und 1800 sogar vorübergehend US-Hauptstadt, erinnert zwar noch viel an diese ruhmvolle Vergangenheit, doch Philadelphia ist zugleich eine moderne und lebhafte Stadt. Immerhin ist sie nach New York, Los Angeles, Chicago und Houston die fünftgrößte der USA.

Den modernen Stadtkern markieren mehrere Wolkenkratzer, alle überragend One and Two Liberty Place von Helmut Jahn. Bis zu deren Fertigstellung in den frühen 1980ern-Jahren galt der Turm der im Jahr 1901 erbauten City Hall mit seiner über zehn Meter großen Statue von William Penn als Bekrönung als höchster Bau der Stadt.

Mit ihm begann auch die Geschichte Philadelphias und des Staates Pennsylvania. 1681 hatte Penn vom englischen König Charles II. zur Begleichung alter Schulden ein Stück Land in Nordamerika erhalten und wollte in diesem »Pennsylvanien« ein Refugium religiöser Freiheit schaffen. Mit ihm waren Mitglieder der Religionsgemeinschaft der Quäker gekommen, und in ihren Fußstapfen gelangten nach und nach Religionsflüchtlinge aus ganz Europa hierher. Da sich darunter auch viele Deutsche befanden, entstand bereits 1683 »Germantown« als erste deutsche Ansiedlung in Amerika.

Im Jahr 1701 hatte sich Philadelphia, die aus dem Griechischen benannte »Stadt der brüderlichen Liebe«, mit 4500 Einwohnern zur neuen Metropole der Kolonie entwickelt. Sie genoss den Ruf als »Athens of the Americas«, als tolerantes Kulturzentrum, und im Laufe des 18. Jahrhunderts avancierte sie zur zweitgrößten englischsprachigen Stadt nach London. Universalgenie und Politiker Benjamin Franklin (1706–1790) hatte wesentlich Anteil an ihrer kulturellen Vorreiterrolle: Er gründete unter anderem 1726 die erste Zeitung, 1731 die erste Bibliothek, 1736 die erste Feuerwehr und 1740 die erste Universität. 1743 rief Franklin dann auch noch in der American Philosophical Hall das erste Museum der Stadt ins Leben.

Der Independence National Historical Park fungiert als viel besuchte Pilgerstätte der Demokratie und als historisches Openair-Museum (linke Seite). Der Fairmount Park am Schuylkill River (rechte Seite) hingegen gilt als grüne Erholungsoase mitten in der Stadt.

Das geistige Zentrum der Unabhängigkeit

Philadelphia gilt in den USA als Wiege der Nation. Hier kam 1774 der erste Kontinentalkongress zusammen und erklärte die 13 britischen Kolonien zwei Jahre später, am 4. Juli, mit der »Declaration of Independence« für unabhängig. 1787 traf sich in der Independence Hall die Constitutional Convention, um die bis heute gültige Verfassung zu formulieren. Von 1790 bis zur Fertigstellung der neuen Hauptstadt Washington im Jahr 1800 war Philadelphia Bundeshauptstadt der jungen Nation.

Die historischen Bauten mitten in der Stadt bilden heute den Independence National Historical Park und fungieren als »Pilgerstätte der Demokratie«. Erster Anlaufpunkt ist das Independence Visitor Center, wo es Gratistickets für (zeitgebundene) Touren sowie Ausstellungen, zahlreiche Filmvorführungen und vielerlei Informationen gibt. Das bedeutendste alte Gebäude ist die Independence Hall, in der man 1776 die Unabhängigkeitserklärung und 1787 die Verfassung unterzeichnet hat. In der benachbarten Congress Hall traten von 1790 bis 1800 Senat und Repräsentantenhaus zusammen, und die Old City Hall war damals Sitz des Obersten Gerichtshofs. In dem nachträglich angebauten Glockenturm hing einst das verehrte Freiheitssymbol der westlichen Demokratie, die Liberty Bell – mittlerweile ist sie ins neu errichtete Liberty Bell Center umgezogen.

Eine gute Einführung in die Geschichte und den Inhalt der ältesten, immer noch gültigen demokratischen Verfassung erhält man im National Constitution Center. Eine umfangreiche Ausstellung, eine dramatische Live-Show sowie 42 lebensgroße Bronzestatuen jener Politiker, die am 17. 9. 1787 die Verfassung unterzeichneten, hinterlassen einen nachhaltigen Eindruck.

Philadelphias deutsches Erbe

Im Laufe des 17. und 18. Jahrhunderts florierte in Pennsylvania die Zuwanderung aus dem deutschsprachigen Raum. Der erste Deutsche war 1683 Franz Daniel Pastorius aus Franken mit 13 Familien aus Krefeld. Sie gründeten »Germantown«. Das deutsche Viertel liegt heute rund zehn Kilometer vom Stadtzentrum entfernt. Etwa 40 Prozent der Siedler Pennsylvanias waren deutscher Herkunft. Bei der Mehrzahl handelte es sich um Mitglieder der Wiedertäufer-Gemeinschaften der Mennoniten und der Amischen.

Sie sind es auch, die noch heute die »pennsylfaanische Sprache«, einen Altpfälzer Dialekt mit amerikanischem Einschlag pflegen. Sie leben jetzt vor allem westlich von Philadelphia im Lancaster County, dem so genannten Dutch Country, und zwar noch fast so altmodisch und beschaulich wie ihre Vorfahren. Auch in Philadelphia selbst ist das deutsche Erbe lebendig geblieben.
Die German Society of Pennsylvania – 1764 als Hilfsverein für Einwanderer gegründet – sowie zahlreiche deutsche Kirchen und Vereine erhalten es aufrecht.

Eine ungewöhnliche Symbiose geht das deutsche Element mit der Bedeutung Philadelphias als Wiege der Demokratie in der »City Tavern« ein. Zu den ältesten Lokalen der Neuen Welt zählend, trafen sich hier schon 1773 legendäre Politiker wie George Washington, Thomas Jefferson und John Adams zu frisch gezapftem Bier und deftigem Essen; 1994 übernahm der deutschstämmige Walter Staib die Taverne. Er legt Wert auf stilechtes historisches Ambiente und lässt die koloniale Küche wieder aufleben – und bringt die ihm gut bekannte deutsche Hausmannskost auf den Tisch.

Kulinarische Spezialitäten, Kunst und Kultur

In der Rangfolge der Attraktionen Philadelphias folgt der Reading Terminal Market, einer der bestsortierten Märkte in den USA, gleich dem Independence Park. Neben regulären Marktständen gibt es Spezialitäten der Amischen aus dem nahen Dutch Country – Wurst und Käse, Backwaren und Eingemachtes, aber auch Handwerksartikel. Unter den zahlreichen Imbissständen sticht »Bassett's« hervor, das seit 1861 Eis von höchster Qualität herstellt.

Geschichte und Kulinarisches sind die eine Seite der Stadt, doch »Philly« gibt sich auch bunt, lebendig und vielseitig: Es hat attraktiv aufgemachte Neighborhoods und Shoppingzentren, Kunst und Kultur zu bieten. Am Benjamin Franklin Parkway, der in den Fairmount Park, den weltweit größten Stadtpark, führt, reihen sich aus der Liste von etwa 50 Museen verschiedendster Genres gleich mehrere interessante aneinander: die Academy of Natural Sciences, das Franklin Institute Science Museum, das Philadelphia Museum of Art – gegründet zur Weltausstellung 1876 und heute drittgrößte Kunstsammlung der USA – und das Rodin Museum. Nicht zuletzt ist in Philadelphia das weltberühmte Philadelphia Orchestra zu Hause. Und mit rund 2500 Wandbildern gilt die Stadt als »Mural Capital of the World«.

ZU TISCH MIT GEORGE WASHINGTON

Betritt man die »City Tavern«, glaubt man sich in eine andere Zeit versetzt. Dabei handelt es sich »nur« um eine authentische Kopie des Originalbaus, der 1834 abbrannte und in dem einflussreiche Politiker ein und aus gingen. Der 1976 eröffnete Nachbau gelangte erst 1994 dank des deutschen Spitzenkochs Walter Staib zu Ruhm und Ehre. So servieren Kellner in historischen Kostümen, braut man Bier nach alten Rezepten, und die Speisekarte liest sich wie ein historisches Dokument: »West Indies Pepperpot Soup«, »Chicken Breast Madeira«, »Roasted Duckling« oder »Martha Washington's Chocolate Mousse«. **City Tavern:** 138 South 2nd/Walnut Street, Tel. (215) 4131443, www.citytavern.com. Täglich Lunch und Dinner.

WEITERE INFORMATIONEN ZU PHILADELPHIA

Fremdenverkehrsamt Pennsylvania: Tel. (069) 25538250, Fax (069) 25538100.
Websites: www.gophila.com, www.independencevisitorcenter.com, www.visit-pa.de

Die US-Bundeshauptstadt Washington D.C. ist einerseits Schaltzentrale der Weltpolitik, andererseits ein einzigartiges Kulturzentrum. Oben: das Kapitol, unten: das Jefferson Memorial und rechts das Washington Monument zur Zeit der Kirschblüte.

9 Washington D.C.: Mekka der modernen Demokratie

Amerikas geplante Hauptstadt

Die US-Bundeshauptstadt Washington D.C. ist vieles: Schaltzentrale der Weltpolitik, einzigartiges Kulturzentrum und Mekka der modernen Demokratie. Washington ist alles andere als eine typisch amerikanische Stadt: Es gibt keine Hochhäuser – Bauten mit mehr als 13 Etagen sind untersagt –, dafür aber eine Menge schlicht-funktionaler Verwaltungsbauten. Und dazwischen stechen prächtige Repräsentationsbauten ins Auge, allen voran das Kapitol und das Weiße Haus.

Washington ist eine Besonderheit, allein schon deshalb, weil sie als einzige Stadt der USA zugleich einen Bundesstaat, den »District of Columbia«, darstellt. Das Stadt- beziehungsweise Staatsgebiet bildet ein Karree von etwa 16 Kilometer Seitenlänge und wird von Maryland und Virginia begrenzt.

Washington, kurz »D.C.« genannt, liegt am Ostufer des Potomac River, der rund 30 Kilometer südöstlich in die Chesapeake Bay mündet. Washington verdankt seine Gründung einer Notlösung: Die Gründerväter der USA konnten sich nicht auf eine bestehende Stadt als Hauptstadt einigen. So wählte George Washington für sie ein beinahe unbesiedeltes Stück Land am Potomac River aus, das man »District of Columbia« bezeichnete; gut zwei Drittel hatte das östlich benachbarte Maryland zur Verfügung gestellt, den Rest der Nachbar im Westen, Virginia. 1791 beauftragte man den auf Seite der Revolutionstruppen kampfbewährten, aus Frankreich stammenden Offizier und gelernten Architekten Pierre L'Enfant. Seine Stadtplanung erwies sich als wegweisend: ein klares, rechtwinkliges Straßennetz, eingeteilt in vier Quadranten. Hauptachse, Prachtmeile und Aushängeschild sollte die 500 Meter breite vom Kapitol zum Potomac River reichende Grand Avenue sein; heute ist sie als »National Mall« bekannt. Ursprünglich nur als grüne Erholungsoase gedacht, entstanden an ihr im Laufe der Jahre Museen und Monumente. Zwischen Kapitol und Weißem Haus als Ankerpunkte verlief die Pennsylvania Avenue, eine von mehreren Diagonalstraßen, die man nach den 13 Gründungsstaaten benannte. Ansonsten plante Architekt L'Enfant die Straßen der neuen Hauptstadt nach dem Schachbrettmuster.

Washington ist alles andere als eine typisch amerikanische Stadt: Es gibt keine Hochhäuser, dafür historisierende Bauten (oben/unten), aber auch spektakuläre moderne Architektur wie das Hirshhorn Museum (Mitte) und Repräsentativbauten wie Capitol und Lincoln Memorial (rechte Seite).

Im Zentrum der Macht

Das Weiße Haus, die Schaltzentrale der Nation und zugleich Exekutive, ist neben dem Kapitol die Hauptattraktion Washingtons. Eine Besichtigung ist heute jedoch kaum mehr möglich. Das zweistöckige Gebäude, seit 1800 Sitz des Präsidenten, gleicht mit seiner vorgelagerten Portikus einer alten Plantagenvilla und verfügt über 132 Räume. Im Hauptgeschoss, dem State Floor, befinden sich repräsentative Säle wie East, Green und Blue Room mit South Portico, Red Room, State Dining und Family Dining Room sowie die Entrance Hall. Während das Untergeschoss administrativen Zwecken dient, liegen im Obergeschoss die Privatgemächer.

Rein optisch ragt das 1812 eröffnete United States Capitol, Sitz des amerikanischen Kongresses, und damit der Volksvertretung, heraus: Es erhebt sich auf dem etwa 30 Meter hohen Capitol Hill und dominiert die ganze Stadt. 229 Meter lang, 107 Meter breit und 82 Meter hoch wird es von einer mächtigen Kuppel mit ihrer sechs Meter hohen »Statue of Freedom« bekrönt. Im Kapitol tagt der US Congress, bestehend aus Senate und House of Representatives, die gemeinsam die Legislative bilden. Der Senat besteht aus 100 für jeweils sechs Jahre gewählten Senatoren (zwei pro Bundesstaat), den Vorsitz führt der Vizepräsident. Das House of Representatives setzt sich aus 435 auf zwei Jahre vom Volk gewählten Abgeordneten zusammen, wobei sich ihre Zahl nach der Bevölkerungsdichte des jeweiligen Staates richtet.

Im südlichen Gebäudeflügel befindet sich das House Chamber, Tagungsort des Repräsentantenhauses, im nördlichen das Senate Chamber, Sitz des Senats; beide verfügen über eine Besuchertribüne. Gegenüber dem Kapitol, das zwei gleichwertige Fassaden aufweist, liegen im Osten der United States Supreme Court, Sitz des obersten Gerichtshofes, und die sehenswerte Library of Congress, die angeblich größte Bibliothek der Welt.

Smithsonian Institution – Kultur im Schatten der Politik

Zwischen Weißem Haus und Kapitol reihen sich entlang der National Mall die Museen der Smithsonian Institution auf. Diese Organisation geht auf eine Spende des britischen Chemikers und Gelehrten James Smithson zurück. Er vermachte bei seinem Tod 1829 den USA Geld für »die Erweiterung und Verbreitung von Wissen«. 1846 hat man die Institution offiziell gegründet. Sie umfasst heute neben mehreren Museen auch Forschungseinrichtungen, Bibliotheken und Archive, einige sogar außerhalb Washingtons.

Zu den Museen an der National Mall gehören das National Museum of Natural History mit über 120 Millionen an naturwissenschaftlichen Objekten sowie das National Museum of American History. Hier gibt es eine Vielzahl unterschiedlichster Ausstellungsstücke zu den sozialen, kulturellen, wissenschaftlichen und technischen Errungenschaften in der über 200-jährigen US-Geschichte zu

sehen. Die National Gallery of Art zählt zu den herausragenden Kunstmuseen der USA und kann mit rund 40 000 Kunstwerken mehrere Stunden fesseln. Das National Museum of the American Indian fällt nicht nur durch seine Architektur auf, sondern gilt vor allem als größtes Indianermuseum der Welt, mit Filiale in New York.

Der Luft- und Raumfahrt verschrieben hat sich das National Air and Space Museum, während im Hirshhorn Museum die hochkarätige moderne Kunstsammlung des Finanziers Joseph H. Hirshhorn (1899–1981) ausgestellt ist. Neben dem Smithsonian Institution Building, dem ältesten Museumsbau an der Mall von 1855 (heute Besucherzentrum), wartet das National Museum of African Art mit einer beachtlichen Sammlung afrikanischer, die Arthur M. Sackler Gallery hingegen mit einer erstklassigen Collection asiatischer Kunst auf. Direkt mit letzterer verbunden ist die Freer Gallery of Art, wo außer orientalischen Exponaten aus dem Nahen und Fernen Osten amerikanische Kunst des 19. und 20. Jahrhunderts zu bewundern ist. Nördlich der Mall liegen schließlich die National Portrait Gallery und das unlängst neu eröffnete National Museum of American Art.

Galerie der Denkmäler

Im Westteil der Mall erinnern mehrere Denkmäler an den Zweiten Weltkrieg, den Vietnam- sowie den Korea-Krieg – aber auch an vier der bedeutendsten Präsidenten: Abraham Lincoln, Franklin D. Roosevelt, Thomas Jefferson und George Washington. Etwas versteckt hinter dichtem Grün fällt vor der Akademie der Wissenschaften eine Sitzfigur etwas aus der Reihe: der Schweizer Wissenschaftler Albert Einstein.

Wenige Schritte südlich der Mall ist das US Holocaust Memorial Museum einen Besuch wert. Allein der Bau, der 1993 nach Plänen von James Ingo Freed entstand, ist außergewöhnlich: zum einen wegen der Farb- und Materialkontraste, zum anderen aufgrund der nachempfundenen Wachttürme eines Konzentrationslagers.

NEBEN DEM PRÄSIDENTEN WOHNEN

Prominenter könnte die Lage nicht sein: Gegenüber dem White House steht das prachtvolle »Hay-Adams Hotel«. Es geht auf zwei Wohnhäuser von 1884 zurück: dem von John Hay, einst Privatsekretär von Abraham Lincoln, und dem von Henry Adams, Urenkel von John Adams. Hays Haus hat man in den 1920ern abgerissen, das andere nahm die brasilianische Botschaft auf, bis 1927/28 ein elegantes Hotel auf dem Grundstück entstand. Nach einer Totalrenovierung stehen Gästen heute 143 luxuriöse Zimmer und drei Suiten zur Verfügung. Für das leibliche Wohl sorgt das eigene Top-Restaurant »Lafayette«.
Hay-Adams Hotel: One Lafayette Square (16th/H St. NW), Tel. (2 02) 6 38 66 00, Fax (2 02) 6 38 27 16, www.hayadams.com

WEITERE INFORMATIONEN ZU WASHINGTON

Capital Region USA/Claasen Comm.: Tel. 00-800-96 53 42 64 (Gratis-Prospektanforderung) oder (0 62 57) 6 87 81.
Websites: www.washington.org, www.capitalregionusa.org

Indian Summer in den White Mountains (oben) und das legendäre Mount Washington Hotel (unten).

10 Neuenglands Bergwelt

Wintersport- und Wanderparadies White Mountains

Als Teil der Appalachen nehmen die White Mountains das Zentrum von New Hampshire ein und reichen im Westen nach Vermont und im Osten bis nach Maine. Sie bilden die höchste Bergkette im Nordosten der USA. Überragender Gipfel ist der 1917 Meter hohe Mount Washington. Die »Weißen Berge«, sind eine ganzjährig attraktive Naturregion, ein wahres Paradies für Skifahrer und Wanderer. Zwei Besonderheiten gilt es jedoch extra zu erwähnen: der im Jahr 1869 erbaute Mount Washington Cog Railway, eine einzigartige Zahnradbahn, und das herrschaftliche »Mount Washington Hotel«. Dieses »Märchenschloss« vor grandioser Bergkulisse zählt zu den luxuriösen Hotels in Neuengland. Am 28. 7. 1902 eröffnet, können Gästen heute in einem der rund 200 großzügigen, mit Antiquitäten und teils Kaminen ausgestatteten Zimmer nächtigen. Dazu gibt es ein Fitness- und Wellnesszentrum, einen Golfplatz und mehrere Restaurants.

HOTELEMPFEHLUNG: The Mount Washington Resort at Bretton Woods, Hwy. 302, Bretton Woods/NH, Tel. (6 03) 2 78 10 00, www.mtwashington.com, www.brettonwoods.com

Die Bergwelt der Appalachen (oben) Thomas Jefferson Villa in Monticello.

11 Thomas Jeffersons Monticello

»Essay on Architecture«

Thomas Jefferson (1743–1826) war ein Mann der Visionen und Talente. Er ging nicht nur als einer der Gründerväter, als Verfasser der Unabhängigkeitserklärung und Demokrat der ersten Stunde in die Geschichte der USA ein. Er war auch ein Universalgenie, interessiert an Natur und Wissenschaften, Technik und Landbau, Architektur und Philosophie. Dass er kein bloßer Theoretiker, sondern ein Mann der Tat war, zeigt sein Gutshof Monticello, nahe dem Universitätsstädtchen Charlottesville im Bundesstaat Virginia. Als »Essay on Architecture« bezeichnete Jefferson dieses von ihm geplante Haus – Ausdruck seines Architekturverständnisses und seiner Vorliebe für Innovationen. In Europa kennen gelernte Baudetails, ungewöhnliche Wanddurchbrüche und Grundrisse realisierte er ebenso wie seiner Zeit vorausweisende Errungenschaften, wie etwa einen Speise-Aufzug und Platz sparende Wandschränke. Zudem wirkte er als Gärtner und schuf so mit Monticello ein revolutionäres Gesamtkunstwerk.

Monticello Visitor Center, Hwy. 20 (I-64 Exit 121), www.Monticello.org

12 Newport und Rhode Island

Sommerfrische der Reichen

Newport,1639 gegründet, war lange nur ein gewöhnliches Fischerdorf. Erst in den 1860ern mauserte sich der Ort zur Sommerfrische der wohlhabenden Plantagenbesitzer aus dem Süden. Als sich dann reiche Industrielle aus dem Norden dazugesellten, wurde Newport zu »America's First Resort«. Rund 70 der Prachtbauten sind erhalten geblieben, daneben existieren im Städtchen über 200 Bauten aus der Zeit vor 1800 – die größte Ansammlung kolonialer Bauten in den USA. Viele der hochherrschaftlichen Sommerpaläste liegen inmitten großzügiger Parkanlagen an der Bellevue Avenue und am Ocean Drive. Vom Cliffwalk aus, einem malerischen Küstenpfad, kann man sogar einen Blick in die »Hinterhöfe« der Villen erhaschen. Nur acht der Mansions stehen Besuchern offen, dazu gehört Rough Point von 1887; es ist die Villa von Doris Duke, Tochter des Tabak-Magnaten aus North Carolina. Auch The Breakers, der italienische Renaissancepalast von Cornelius Vanderbilt II. aus dem Jahr 1895 ist zu besichtigen.

SIGHTSEEING: Newport Mansions, 118 Mill Street, Tel. (401) 8471000, www.newportmansions.org

Newport zog als »Sommerfrische der Reichen« schon ab den 1860ern wohlhabende Plantagenbesitzer und reiche Industrielle an.

13 Gedächtnisstätte Gettysburg

»... these dead shall not have died in vain ...«

»... diese Toten sollen ihr Leben nicht umsonst verloren haben ...« Obwohl die Rede von Präsident Abraham Lincoln am 19. November 1863 auf dem Friedhof von Gettysburg nur zwei Minuten gedauert hat, war ihr Inhalt umso gewichtiger. Versöhnliche Worte gegenüber den Südstaaten zwei Jahre vor Kriegsende sorgten dafür, dass Lincolns »Gettysburg Address« in die Geschichtsbücher einging. Der Ort hätte kaum mehr als den Reiz eines Provinzstädtchen im Süden Pennsylvanias – wäre nicht der Bürgerkrieg gewesen. Heute zieht der Gettysburg National Military Park jährlich Tausende von Menschen an, die das Schlachtfeld, auf dem rund 40000 Menschen starben, besuchen. Vom 1. bis zum 3. Juli 1863 hatten sich hier Konföderierte und Unionstruppen eine der blutigsten Schlachten des Bürgerkriegs geliefert. Sie markierte den Wendepunkt, denn von der hier erlittenen Niederlage erholten sich die Südstaaten nicht mehr und kapitulierten am 9. April 1865 im Appomattox Court House von Virginia. **WEBSITES:** www.gettysburg.com, www.nps.gov/gett

Der Gettysburg National Military Park – Schauplatz blutiger Schlachten.

Old und New South – der amerikanische Süden gibt sich heute nicht nur historisch-romantisch, sondern auch großstädtisch-modern. Oben: Die Skyline Miamis. Mitte: Herbstidyll in den Great Smoky Mountains. Unten: Memphis, die Hauptstadt des Blues. Rechts: Strandidyll auf Key West.

Der Süden der USA

Williamsburg, Jamestown und Yorktown bilden Virginias Kernland. 1607 ließen sich hier erstmals britische Siedler auf dem nordamerikanischen Kontinent nieder. Heute erinnern Freiluftmuseen in Colonial Williamsburg (linke Seite oben) und in Jamestown (rechte Seite) an jene Anfänge.

14 Wo alles begann: Colonial Virginia

Jamestown, Yorktown und Williamsburg – Virginia's Historic Triangle

Versuche gab es schon früher, doch es sollte bis 1607 dauern, ehe sich britische Siedler auf dem nordamerikanischen Kontinent dauerhaft ansiedelten. Sie waren in der zerklüfteten Chesapeake Bay, mit ihren wie Tentakeln weit ins Land hineinragenden Zuflüssen Potomac, York und James River, an Land gegangen. Dieses Areal entwickelte sich zum Kernland der britischen Besiedelung, zu Colonial Virginia – benannt nach Königin Elizabeth I., der »Virgin Queen«. Der ersten Siedlung, Jamestown, folgten rasch zwei weitere: Yorktown und Williamsburg.

Anfangs hatten die gut 100 britischen Siedler, die am 24. Mai 1607 erstmals den amerikanischen Kontinent betraten, mit erheblichen Problemen zu kämpfen. Die meisten der Neuankömmlinge waren eher Abenteurer als Handwerker oder Bauern. Die Lebensbedingungen erwiesen sich als hart, und im Herbst lebten in der Siedlung Jamestown nur noch 38 Männer. Doch dann sorgte Captain John Smith für Ordnung und bessere Verhältnisse. Und als im Folgejahr weitere, diesmal geeignetere Siedler aus England eintrafen, schien es bergauf zu gehen. Dennoch plante man, Jamestown wieder aufzugeben, um nach Neufundland zu ziehen. Das Jahr 1610 brachte aber die Wende: Die lang ersehnte Proviantlieferung traf aus England ein und der Landbau trug erste Früchte. John Rolfe, einer der Siedler, hatte zudem entdeckt, dass die Bedingungen für den Tabakanbau optimal waren – und schon 1617 exportierte man Rohtabak ins Mutterland. Der Start war geglückt!

Eine Museumsstadt entsteht

Wer kennt nicht die Liebesgeschichte zwischen Pocahontas, der Tochter des Indianerhäuptlings Powhatan, und dem britischen Siedler John Rolfe? Romane, Filme und sogar Comics erzählen mehr rührselig als historisch korrekt diese Episode aus den Anfangsjahren von Colonial Virginia. Dass der Frieden zwischen Indianern und Siedlern allerdings nicht lange hielt, belegt der Bau einer befestigten Siedlung im Landesinneren. Aus dieser »Middle Plantation« erwuchs schnell ein größerer Ort namens Williamsburg. Nach einer Feuerbrunst in

Colonial Williamsburg ist heute eine Museumsstadt. Angestellte in historischen Kostümen lassen die Vergangenheit wiederaufleben, man kann alte Bauten besichtigen, in historischen Unterkünften übernachten oder authentisch speisen. In Jamestown steht ein alter Segler zur Besichtigung offen (rechte Seite unten).

Jamestown 1699 erklärte man es zum neuen Regierungssitz der Kolonie.

Bis 1780 war Williamsburg politischer, sozialer und kultureller Dreh- und Angelpunkt an der Ostküste. Nach König William II. benannt, war die Stadt dem britischen Mutterland zunächst eng verbunden, doch schon bald wuchs das Streben nach Unabhängigkeit. Als man den Regierungssitz nach Richmond verlegte, fiel die Stadt aber in einen Dornröschenschlaf und die historische Bausubstanz verfiel. Es war ein Geistlicher, Reverend W. A. R. Goodwin, der Williamsburg schließlich »aufweckte«: Er erzählte John D. Rockefeller Jr. von seiner Vision einer prächtigen Museumsstadt im Stil des 18. Jahrhunderts, und der Großindustrielle unterstützte bis zu seinem Tode 1960 den Wiederaufbau von Colonial Williamsburg.

Alte, noch intakte Häuser wurden in Stand gesetzt und übernahmen wieder ihre ursprünglichen Funktionen, andere baute man originalgetreu wieder auf. So standen am Ende fast 90 Originalgebäude, unter anderem das Wren Building, das President's House, die Bruton Parish Church und das Court House von 1770; weitere 50 Häuser hat man rekonstruiert. Heute können Besucher in der alten Kolonialhauptstadt auf Zeitreise gehen und eine Stadt am Vorabend der amerikanischen Revolution entdecken. In den Werkstätten lässt sich viel über alte Handwerkstechniken lernen und in den Lokalen die Küche früherer Zeiten probieren. In den Shops kann man Antiquitäten und Souvenirs erwerben. Pferdekutschen und Angestellte in historischen Gewändern machen die Zeitreise perfekt.

Bereits außerhalb des Museumsareals, im Westen der Innenstadt, liegt mit dem College of William and Mary eine der renommiertesten Hochschulen des Landes. Sie gilt nach Harvard als die zweitälteste Universität der Vereinigten Staaten. 1693 gegründet und nach dem damaligen König William III. sowie seiner Frau Mary benannt, entspricht ihr Erscheinungsbild noch heute jenem der Jahre 1716 bis 1859, als die wichtigsten Bauten entstanden sind.

Der Colonial National Historical Park

Nicht nur in Williamsburg taucht der Besucher in eine andere Welt ein, auch die benachbarten Orte Yorktown und Jamestown bieten Gelegenheit, auf historischen Pfaden zu wandeln. Man vermarktet sich gemeinsam als »Colonial Virginia« und Jamestown, Yorktown und der zwischen beiden Orten und durch Colonial Williamsburg verlaufende Colonial Parkway bilden den Colonial National Historical Park. Die rund 40 Kilometer lange Straße wurde 1930 als Verbindungsroute ins Leben gerufen und 1957 fertiggestellt.

Jamestown steht unter dem Motto »... where a nation began« (»wo eine Nation geboren wurde«). Mit Ausnahme des Kirchturms ist allerdings nicht viel Historisches erhalten. Laufende archäologische Ausgrabungen und ein Museum versetzen Besucher jedoch in die Lage,

sich auf dem weitläufigen Areal selbst vorzustellen, wie es kurz nach 1607 hier ausgesehen haben mag.

Dem Leitsatz »... where freedom was won« (»wo die Freiheit errungen wurde«) hat sich dagegen Yorktown verschrieben. Beide Orte, Yorktown wie Jamestown stehen unter Denkmalschutz, doch zum historischen Bestand gesellen sich zwei »historische Vergnügungsparks«: Jamestown Settlement und Yorktown Victory Center. Statt trockener Geschichte wollen diese die ganze Familie spielerisch in vergangene Zeiten versetzen.

»Siege of Yorktown«

Bis 1750 genoss Yorktown noch den Ruf, der größte Hafen von Virginia zu sein. Die Belagerung im Freiheitskampf 1781 zerstörte jedoch ein Großteil der Stadt. Ein Feuer im Jahr 1814 und der Bürgerkrieg in den 1860ern trugen weiter zum Verfall bei. Hauptanziehungspunkt der Ortschaft sind deshalb nicht alte Häuser, sondern das Schlachtfeld selbst. Eine ausgewiesene »Battlefield Driving Tour« mit Infotafeln zu verschiedenen Aufstellungen, Lagern, Gräben und Wällen verhilft zu einer besseren Vorstellung von den Abläufen. Im Besucherzentrum erfährt man anhand von Film und Ausstellungen mehr über die »Siege of Yorktown« – die Belagerung der Stadt.

Vom 9. bis 19. Oktober 1781 fand hier die entscheidende Auseinandersetzung zwischen den Briten und den um Unabhängigkeit kämpfenden Kolonisten statt. Unter Führung von George Washington, dem deutschstämmigen Generalmajor Friedrich Wilhelm von Steuben, Ausbilder der US-Truppen, sowie den aus Frankreich stammenden Generälen Marquis de Lafayette und Rochambeau erlitten die Briten eine schwere Niederlage. Ihre Truppen unter Oberbefehlshaber Lord Charles Cornwallis mussten kapitulieren und das Ende des Unabhängigkeitskrieges war besiegelt.

NÄCHTIGEN UND SPEISEN WIE EIN LORD

Colonial Williamsburg ist nicht nur eine Museumsstadt. Man kann in historischen Unterkünften wie dem eleganten »Williamsburg Inn«, in der »Williamsburg Lodge«, im einfacheren »Governor's Inn« oder in den »Colonial Houses« übernachten. Für das leibliche Wohl wird in vier Restaurants »authentisch« gesorgt, so in der eleganten »King's Arms Tavern«, der gemütlichen »Shields Tavern«, der legendären »Christiana Campbell's Tavern«, wo schon George Washington einkehrte, und in der »Josiah Chowning's Tavern«.
Informationen und Buchung: Colonial Williamsburg Inc., Tel. (7 57) 2 20 76 45, Fax (7 57) 5 65 89 55; www.colonialwilliamsburg.org

WEITERE INFORMATIONEN ZU COLONIAL VIRGINIA

Fremdenverkehrsamt Virginia, Claasen Communications: Tel. 00 8 00 96 53 42 64 (Gratis-Prospektanforderung) und Tel. (0 62 57) 6 87 81.
Websites: www.virginia.org, www.colonialwilliamsburg.org, www.nps.gov/jame, www.nps.gov/colo

»Ort des ewig blauen Rauches« nannten die Cherokee-Indianer die Region, die heute teilweise als Great Smoky Mountains National Park ausgewiesen ist. Dieser Teil des Appalachen-Gebirges zählt zu den größten zusammenhängenden Waldgebieten der USA.

15 Im Einklang mit der Natur in den Great Smokies

Great Smoky Mountains National Park – Ort des ewig blauen Rauches

»Shaconage«, Ort des ewig blauen Rauches, nannten die Cherokee-Indianer ihre alte Heimat, die heute teilweise als Great Smoky Mountains National Park ausgewiesen ist. Dieser liegt inmitten der Blue Ridge Mountains, einem Teil des Appalachen-Gebirges. Um ihn herum breitet sich eines der größten zusammenhängenden Waldgebiete der USA aus. Wer an einem sonnigen Herbstmorgen auf einem der Hügel steht, versteht den Namen: Bläulich schimmernd steigen die Nebelschwaden langsam aus den Tälern auf, um sich über den bewaldeten Bergen, wie von Zauberhand weggewischt, im Sonnenlicht aufzulösen.

Den besonderen Reiz des Nationalparks, mit dem gut 2000 Meter hohen Clingsmans Dome als höchstem Berg, macht seine Lage an der Grenze zwischen südlicher und nördlicher Vegetationszone aus. In den südlichen Appalachen, der in Nord-Süd-Richtung parallel zur US-Ostküste verlaufenden Bergkette gelegen, gedeihen in den Great Smokies über 125 Baum-, 1300 Pflanzen- und 200 Pilzsorten. Zudem sind hier mehr als 200 Vogel- und 27 Salamanderarten zu Hause. Trails laden ein, auf Wanderungen die verschiedenen Vegetationsstufen und Baumarten (Fichten-, Tannen-, Pinien- und Laubwälder) zu erkunden. Und daneben stößt man vielleicht noch auf Schwarzbären, Füchse, Raubkatzen, Schildkröten, Truthähne & Co. ... Über 250 Kilometer Teer- und 150 Kilometer Schotterstraßen sowie an die 1000 Kilometer Wanderpfade erschließen den Wald für Naturliebhaber und locken jährlich rund zehn Millionen Menschen an. Der Great Smoky Mountains National Park zählt damit zu den meist besuchten Nationalparks der Vereinigten Staaten und stößt im Sommer an die Grenzen seiner Belastbarkeit. Quer durch den 2107 Quadratkilometer großen Park verläuft die Staatsgrenze zwischen North Carolina und Tennessee und trennt ihn in zwei etwa gleich große Teile.

In den »Blauen Bergen« befindet sich auch die Qualla Boundary Cherokee Indian Reservation. 1838 hatten Cherokee in den dichten Wäldern der Great Smokies Schutz gesucht, um der drohenden Deportation nach Westen zu entgehen. Heute führen sie Besucher in ihre Kultur und Lebensweise ein.

Heimat der Cherokee-Indianer

Unmittelbar vor der südlichen Zufahrt in den Nationalpark erstreckt sich das Reservat von etwa 10 000 Cherokee-Indianern. 1838 hatten Mitglieder dieses Stammes in den dichten Wäldern der Great Smokies Schutz gesucht und waren so der drohenden Deportation nach Oklahoma, dem »Trail of Trears«, entgangen. Die USA hatten damals auf Druck von Bodenspekulanten und Siedlern die überlebenden Indianer des Südostens zur Umsiedelung in den Westen gezwungen. Auf dem militärisch begleiteten Marsch nach Oklahoma kamen über 4000 der 16 000 Cherokee ums Leben – ein dunkles Kapitel in der Geschichte der Beziehungen zwischen Indianern und der US-Regierung.

Längst sind die Nachfahren der Cherokee-Splittergruppe, die sich der Umsiedlung entziehen konnte, als unabhängige Cherokee-Nation neben dem Hauptteil des Stammes in Oklahoma anerkannt. Sie leben unter eigenen Gesetzen und mit selbstständiger Verwaltung in dem Reservat zu Füßen der Smokies.

Vom »Mythos Indianer«

Der Ort Cherokee ist die größte der sechs Gemeinden im Reservat und zugleich das Zentrum der Qualla Boundary Cherokee Indian Reservation. Zugegeben, das Dorf hat sich fast völlig dem Tourismus verschrieben. Es besteht im Prinzip nur aus einer Main Street, an der sich ein Souvenirshop an den anderen reiht, mit weitgehend identisch kitschigem Angebot. Ob man diese totale Vermarktung des »Mythos Indianer« und die dadurch klingelnden Kassen wohl als späte Rache der Ureinwohner an den Weißen deuten kann?

Doch es gibt auch eine andere Seite der Medaille: Die positiven Bemühungen der Indianer, ihre Kultur zu bewahren und Besuchern nahe zu bringen, zeigt das Museum of the Cherokee Indian. Es schildert mithilfe von Dioramen und verschiedensten Medien eindrucksvoll die Geschichte der Cherokee-Indianer, deren berühmter Chief Sequoia ein eigenes Cherokee-Alphabet erfand. Auch das Oconaluftee Indian Village, ein rekonstruiertes Indianerdorf aus der Mitte des 18. Jahrhunderts, gibt Einblick in alte Traditionen und Gebräuche. Dort führen Indianer ihre Kunstfertigkeit im Maskenschnitzen, Kanubauen, Korbflechten, Tanzen oder Erzählen vor. Im zugehörigen rund 2800 Besucher fassenden Freiluft-Theater schildern sie mit dem Outdoor-Drama »Unto These Hills« ihre Geschichte von 1540 bis 1838.

Auf dem Blue Ridge Parkway

Der Blue Ridge Parkway schlängelt sich über etwa 750 Kilometer durch die südlichen Appalachen, vom Great Smoky Mountains National Park im Süden bis zum Shenandoah National Park in Virginia im Norden. Entlang der ab 1935 eingerichteten Strecke – ein Mekka für Natur- und Wanderfreunde – reihen sich Naturparks, Aussichtspunkte und Besucherzentren auf; größere Städte und Topattraktionen sind hingegen rar.

Der Great Smoky Mountains National Park wurde schon ein Jahr vor dem Blue Ridge Parkway ins Leben gerufen. Eine blühende Holzwirtschaft hatte damals fast zur Rodung des einzigartigen Waldbestands der Appalachen geführt. Gegenmaßnahmen wie die Umsiedelung der Holzindustrie in den Westen fruchteten. Vor allem aber hat sich 1904 Horace Kephart, ein Unternehmer aus St. Louis, energisch für die Rettung des Waldes eingesetzt. So hat man am 15. 6. 1934 das Areal zum Nationalpark erklärt. Dies war jedoch erst durch Spenden – fünf Millionen Dollar allein von John D. Rockefeller – und Landgeschenke der beiden involvierten Bundesstaaten North Carolina und Tennessee möglich.

Wald, nichts als Wald

Dank der Schutzmaßnahme zählen heute die Great Smokies zu den größten zusammenhängenden Waldgebieten der USA. 95 Prozent des Nationalpark-Areals sind bewaldet. Der Park kann aufgrund seiner Vielfalt an Laubbäumen – allen voran Buchen, Eichen, Birken, Rosskastanien und verschiedene Ahornarten – während der Laubfärbung im Herbst sogar mit Neuengland konkurrieren. Trotzdem sind die Great Smokies gegen Umweltschäden nicht gefeit: Im Sommer, wenn die Luftzirkulation gering ist, mischt sich weißlicher Smog aus Südstaatenmetropolen wie Atlanta unter die natürlich blauen Nebelschwaden.

Die New Found Gap Road (US Hwy. 441) ist die Hauptachse durch den Park und verbindet Cherokee (North Carolina) im Süden mit Gatlinburg (Tennessee) im Norden. Sie führt über den New Found Gap (1539 Meter) und bietet von dort einen spektakulären Ausblick auf die Berge und Wälder des Naturparks. Von ihr zweigen verschiedene Nebenrouten ab, die jeden, der mehr Zeit im Park verbringen möchte, tiefer in die Bergwelt hineinführen. In drei Besucherzentren erhält man kostenlos Karten: dem Oconaluftee Visitor Center am Südzugang in North Carolina, dem Sugarlands Visitor Center an der Nordzufahrt und dem Cades Cove Visitor Center im Westen (beide in Tennessee). Zudem gibt es dort Informationen und Hinweise zu Veranstaltungen wie Touren, Camping, Wanderungen und sonstige Aktivitäten.

ALLES ANDERE ALS EIN LUFTSCHLOSS

Zwischen dem Luftkurort Asheville und dem Great Smoky Mountains NP erhebt sich einer Fata Morgana gleich ein monumentales Schloss: Biltmore Estate. Es handelt sich dabei »nur« um das Wohnhaus einer der reichsten Familien der USA, der Vanderbilts, das heute als Museum zugänglich ist. William A., Sohn des New Yorker Eisenbahnmagnaten George Washington Vanderbilt, beauftragte für den Prachtbau Richard Morris Hunt. Dieser errichtete ihn von 1890 bis 1895 nach Vorbild französischer Loire-Schlösser. Frederick Law Olmsted zeichnete verantwortlich für die Gartenanlage.
Biltmore Estate: Tel. (8 28) 2 55 27 76, www.biltmore.com, Restaurants, Läden und Hotel »The Inn on Biltmore Estate«

WEITERE INFORMATIONEN ZU GREAT SMOKY MOUNTAINS NP UND UMGEBUNG

North Carolina, c/o Wiechmann Tourism Service, Tel. (0 69) 255 38 0.
Tennessee: Tel. (05 21) 9 86 04 15, Fax (05 21) 9 86 04 11.
Websites: www.nps.gov/grsm, www.cherokeemuseum.org, http://de.visitnc.com, www.tennesseetourism.de

Memphis gilt einerseits als »Home of the Blues« mit legendären Musikern wie B. B. King, der hier einen Bluesclub betreibt (links). Andererseits ist Memphis, die alte Baumwollmetropole (rechts außen) Heimat des unvergesslichen Elvis Presley, des King of Rock 'n' Roll (rechts innen).

16 Blues und Rock 'n' Roll aus Memphis

Im »Home of the Blues« ist Elvis »King«

Musik machte und macht Memphis, die alte Baumwoll-Metropole am Mississippi, über die Grenzen des Bundesstaates Tennessee hinaus berühmt. »Home of the Blues« – dieser Titel wurde ihr 1977 vom US-Kongress verliehen, denn von hier aus trat die Musik der schwarzen Baumwollarbeiter ihren Siegeszug in alle Welt an. Und noch etwas hat Memphis weltberühmt gemacht: Graceland, die Villa des unvergessenen Elvis Presley.

Niemand sprach von Blues, als W. C. Handy 1909 einen Werbesong für den Bürgermeisterkandidaten E. H. »Boss« Crump komponierte. Doch dieser »Memphis Blues« avancierte zum Tophit und Handy zum »Father of the Blues«. Er war und ist jedoch nicht der einzige große Musiker der Stadt – aus Memphis stammen auch Aretha Franklin, B. B. King und nicht zuletzt Elvis Presley. Doch Memphis spielte auch eine wichtige Rolle im Kampf um die Bürgerrechte, dessen Höhepunkt die Ermordung von Martin Luther King Jr. 1968 im »Lorraine Motel« war. An dieses Kapitel Geschichte erinnert das National Civil Rights Museum.

Eine Straße für den Blues

Jeder Rundgang durch Memphis muss in der Beale Street beginnen, denn hier liegt das »Home of the Blues«. William Christopher Handy (1873–1958), der »Vater des Blues«, wohnte in einem bescheidenen Shotgun-Haus, das heute ein kleines Museum ist. In der Folgezeit entwickelte sich die Beale Street dank ihrer Clubs zum Mekka für junge Blues-Musiker aus dem Mississippi-Delta. In den Nachkriegsjahren war sie Heimat berühmter Musiker, wie von »Beale Street Blues Boy« B. B. King oder Muddy Waters.

Inmitten all der Blues-Clubs behauptet sich ein Kuriosum, das einen kostenlosen Zeitsprung ins 19. Jahrhundert erlaubt: »Schwab's Dry Goods Store«, ein angestaubt-chaotisch wirkendes Kaufhaus von 1876, in dem das Motto »If you can't find it at Schwab's, you're better off without it« gilt. Einen Block südlich des »B. B. King Blues Clubs« liegt die berühmte Gibson Guitar Facto-

ry. Seit Sommer 2000 kann man hier das Memphis Rock 'n' Soul Museum besichtigen und in der Fabrik zusehen, wie legendäre Gitarren, etwa B. B. Kings »Lucille«, hergestellt werden. Die Ausstellung widmet sich lokalen Legenden wie Elvis Presley, Otis Redding, B. B. King oder Jerry Lee Lewis.

Geburtsort des Rock 'n' Roll

Eine weitere Pilgerstätte ist das 1950 von dem Radiotechniker und Bluesfan Sam Phillips eröffnete und ab 1952 als eigenes Label betriebene Sun Studio. Auf den ersten Blick handelt es sich »nur« um ein kleines, schäbiges Tonstudio. Doch dahinter verbirgt sich der »Birthplace of Rock 'n' Roll«. Im Juni 1953 nahm hier Elvis auf eigene Kosten seine erste Platte »That's All Right Momma« auf. Phillips' Sekretärin, Marton Keisker, konnte ihren Chef Monate später von Elvis' Talent überzeugen und am 5. 7. 1954 fand hier die erste professionelle Aufnahme statt: »That's all right.« Mit beziehungsweise nach Elvis gaben sich andere Stars ein Stelldichein bei Sun Studio: Carl Perkins, Johnny Cash, Roy Orbison, Jerry Lee Lewis und Chester Arthur Burnett alias Howlin' Wolf. 1959 hatte das alte Studio ausgedient. Man baute ein neues und 1969, als Phillips in Rente ging, wurde das Label eingestellt.

Zu Besuch bei Elvis

Ohne dem »King of Rock 'n' Roll« seine Referenz erwiesen zu haben, sollte man Memphis nicht verlassen. In der Pilger- und Kultstätte Graceland treffen sich jährlich etwa 800 000 Fans. Besonders an Elvis' Geburtstag, dem 8. Januar, und seinem Todestag, dem 16. August, finden zahlreiche Veranstaltungen statt. Elvis Presley (1935–1977) hatte 1957 für 100 000 Dollar das von den Vorbesitzern »Graceland Farm« genannte Anwesen erworben und sich damit einen Kindheitstraum erfüllt. Äußerlich konventionell, gibt sich das Haus auch innen zunächst weit weniger spektakulär, als man erwartet. Speise-, Wohn-, Musikzimmer und Küche im Erdgeschoss sind Dokumente des Zeitgeschmacks, erst im Keller wird es ausgeflippter: Im »Dschungelraum« nahm Elvis Platten auf und auch Billard- und TV-Raum fallen aus dem Rahmen.

LEGENDÄRE ENTEN

Das altehrwürdige »Peabody Hotel« in Memphis wird zweimal täglich zum Publikumsmagneten. Unbeeindruckt vom Auflauf der Neugierigen und deren Blitzlichtern watscheln Punkt 11 Uhr die berühmten Peabody Ducks, fünf gewöhnliche Enten, eskortiert von zwei uniformierten Lakaien auf einem roten Teppich vom Aufzug zu einem kleinen Brunnen im Foyer und um 17 Uhr zurück in ihren »Duck Palace« auf dem Dachgarten des Hotels. Seit 1930 praktiziert das traditionsreiche Hotel von 1869 die »Duck Ceremony«.

Peabody Hotel: 149 Union Ave, Tel. (9 01) 5 29 40 00, www.peabodymemphis.com

WEITERE INFORMATIONEN ZU MEMPHIS UND GRACELAND

Tennessee Tourism: Tel. (05 21) 9 86 04 15, Fax (05 21) 9 86 04 11.
Websites: www.memphistravel.com, www.elvis-presley.com, www.tennesseetourism.de, www.memphis-mississippi.de, www.deep-south-usa.de

Southern Belles wie aus dem Film »Vom Winde verweht« lassen sich auf dem jährlichen Debütantinnenball in Natchez bewundern (links). In dem alten Mississippi-Städtchen endet auch der Natchez Trace National Parkway, ein alter Indianer- und Pionierpfad (rechts unten).

17 Alter Glanz in Natchez

Southern Belles am Ol' Man River

Wer die alte Mississippi-Metropole Natchez besucht, fühlt sich in den »Deep Old South« zurückversetzt. Mitte des 19. Jahrhunderts zählte die knapp 300 Kilometer nordwestlich von New Orleans gelegene Stadt dank ihres florierenden Hafens und der dort umgeschlagenen Baumwolle zu den reichsten Städten in den USA – die Hälfte aller damaligen amerikanischen Millionäre soll hier residiert haben.

Eine Reihe von prächtigen Herrenhäusern, rund 500 »Antebellum Homes« im Großraum, legt noch heute beredt Zeugnis vom damaligen Wohlstand ab. Einige dieser vor dem Bürgerkrieg erbauten Luxusvillen stehen das ganze Jahr über zur Besichtigung offen, andere nur während der Natchez Spring oder Fall Pilgrimages, »Tage der offenen Tür« im Frühjahr beziehungsweise im Herbst. Dann lebt die Blütezeit des Südens wieder auf: »Southern Belles« treten zum Schönheitswettbewerb an. Es gibt prunkvolle Bälle und nebenher erhalten Gäste Gelegenheit, durch die Paläste der einstigen Plantagenbesitzer zu wandeln.

Dabei waren die Anfänge der Stadt bescheiden. Als Fort Rosalie hat sie Jean Baptiste le Moyne, Sieur de Bienville, im Jahr 1716 gegründet. Erst zu Beginn des 19. Jahrhunderts blühte der Ort dank der Baumwollplantagen im Umland und seiner günstigen Lage am Mississippi auf. Da die Stadt jedoch nicht an die Eisenbahn angeschlossen war, verlor sie rasch wieder ihre Bedeutung als Handelsort. Für die Oberschicht blieb sie aber weiterhin eine beliebte Sommerfrische. Der Niedergang als Umschlagplatz sollte sich im Bürgerkrieg sogar positiv auswirken, denn größere Zerstörungen blieben aus. So vermittelt die Stadt noch heute ein realistisches Bild des vergangenen Wohlstands der Plantagenaristokratie.

Immergrüne Eichen und griechische Säulen

An die Szenerie des Films »Gone with the Wind« (»Vom Winde verweht«) fühlt man sich in Natchez auf Schritt und Tritt erinnert. Ausgangspunkt für einen Rundgang sollte das Natchez Pilgrimage Tours Bureau sein. Hier kann man sich mit Infos eindecken und Tickets für die Villenbesichtigungen erwerben. Von dort führt der Weg Richtung Mississippi entlang der Canal Street. Der erste Höhepunkt, Rosalie, steht an Stelle des alten

Fort Rosalie und entstand um 1820. Vom weiß verputzten Ziegelbau mit viersäuliger Portikus bietet sich ein überwältigender Blick auf den Mississippi und auf Natchez Under-the-Hill. Das ehemalige Hafenareal an der Silver Street nannte Mark Twain einmal »Sodom of the Mississippi«.

Im Stadtzentrum steht eine ganze Reihe sehenswerter Bauten, darunter das House on Ellicott's Hill von 1798. Weit prachtvoller und luxuriöser als dieses verhältnismäßig schlichte Haus präsentiert sich Cherokee, das von 1794 bis 1810 im repräsentativen Greek-Revival-Stil enstand. Auch die Stanton Hall von 1857/58 ist eines der prunkvollsten und größten Antebellum-Häuser der Stadt.

Wie einen Gürtel umschließen weitere Herrenhäuser die Innenstadt. Einige, etwa »The Briars«, das malerisch oberhalb dem Mississippi liegt, oder »Dunleith«, dienen zugleich als luxuriöse B & B-Unterkünfte. Andere beeindrucken wegen ihrer ungewöhnlichen Architektur, beispielsweise Longwood. Nach dem frühen Tod des Besitzers, 1864, hat man das größte Oktagonalhaus der Südstaaten mit achteckiger orientalischer Kuppel und 16-eckigem Zwiebeltürmchen nie fertiggestellt.

Auf alten Indianerpfaden

Kontrastprogramm zu all den herrschaftlichen Häusern bietet das im Osten der Stadt gelegene Grand Village of the Natchez Indians. Diese Hauptsiedlung der Natchez-Indianer, von der nur mehr Erdhügel erhalten sind, war ab Mitte des 16. Jahrhunderts besiedelt. In Natchez beginnt auch der Natchez Trace National Parkway, der über 700 Kilometer quer durch Mississippi und Alabama nach Tennessee führt. Der ehemalige Indianerpfad diente als Post- und Handelsstraße, doch ab 1820, mit dem Beginn der Dampfschifffahrt, kam der Verkehr zum Erliegen. Heute steht der Pfad, zur Straße ausgebaut, als Teil des National Park Service unter Schutz.

NATCHEZ PILGRIMAGE TOURS

Viele der Herrenhäuser liegen leicht erreichbar im Stadtzentrum, zwischen Broadway, Washington, Union und High Street. In einigen finden ganzjährig Touren statt, die meisten sind jedoch nur von Anfang März bis Anfang April (Natchez Spring Pilgrimage) und im Oktober (Fall Pilgrimage) für Besucher geöffnet. Täglich wechselnd stehen jeweils vier Häuser im Paket zur Besichtigung offen (30-Minuten-Touren). Im Frühjahr findet gleichzeitig die Annual Confederate Pageant – eine Art Debütantinnenball – im Natchez City Auditorium statt.

Natchez Pilgrimage Tours: Tel. (6 01) 4 46 66 31, www.natchezpilgrimage.com

WEITERE INFORMATIONEN ZU NATCHEZ

Verkehrsbüro des Staates Mississippi: Tel. (05 21) 9 86 04 20, Fax (05 21) 9 86 04 11.

Websites: www.visitmississippi.org, www.memphis-mississippi.de, www.deep-south-usa.de

Dem speziellen Charme der 1718 gegründeten Mississippimetropole New Orleans sind schon viele erlegen. Die Altstadt, das French Quarter, breitet sich entlang dem Mississippi aus. Den Kern bildet der Jackson Square (links oben) mit der St. Louis Cathedral (rechts unten).

18 New Orleans – »The Big Easy«

The spirit is back!

»The Big Easy« – der Spitzname der Südstaatenmetropole New Orleans im Bundesstaat Louisiana kommt nicht von ungefähr. Schließlich steht gerade diese Stadt am Mississippi synonym für Musik, Mardi Gras und gutes Essens, für Lebensart und Laisser-faire. Auch könnte das Motto der Stadt nicht treffender gewählt sein: »Laissez les bons temps rouler!« – »Lasst es uns gut gehen!«

Es war Bruce Springsteen, der mit der Neuinterpretation eines alten Folksongs die Stimmung auf dem legendären New Orleans Jazz & Heritage Festival 2006 zum Überkochen brachte. »My city of ruins ... Come on, rise up! Rise up!«, stimmten die weinenden und dennoch tanzenden Menschen ein und bewiesen einmal mehr, dass es schon eines ganz besonderen »Spirits«, einer besonderen Lebensphilosophie bedarf, um einer Katastrophe wie der Überflutung Ende August 2005 zu trotzen. Mit einem weinenden und einem lachenden Auge nutzen seither die New Orleanians jede Gelegenheit, um die Auferstehung ihrer Heimatstadt zu feiern.

Der Charme von La Nouvelle-Orléans

Dem speziellen Charme der »alten Dame« New Orleans – 1718 von dem Franzosen Jean-Baptiste le Moyne, Sieur de Bienville, als »La Nouvelle-Orléans« gegründet – sind schon viele erlegen. Der Literat Henry Miller beispielsweise meinte: »New Orleans ist der einzige Ort, wo man nach einem ausgedehnten Essen, begleitet von einem guten Wein und einem interessanten Gespräch in der Altstadt spazieren gehen kann und sich wie ein zivilisierter Mensch fühlt.« Die Amerikaner genossen seit je diese tolerante katholische Enklave inmitten ihres puritanisch-protestantischen Landes, kann man doch hier mit dem Bierbecher in der Hand durch die Straßen tanzen.

Doch dann riss Hurricane Katrina 2005 die Stadt und ihre Besucher aus den Träumen: Bilder der Zerstörung und des Schreckens gingen um die Welt – New Orleans schien in schmutzigen Fluten zu versinken. Tagelang stand das Wasser in rund drei Vierteln der Stadt, forderte Menschenleben, zerstörte Existenzen. Bummelt man heute durch die Gassen der Altstadt, des so genannten French Quarters, oder durch den Garden

CREOLE QUEEN
CREOLE QUEEN

»The Big Easy« – dieser Spitzname steht synonym für Musik, Mardi Gras und gutes Essens, für Lebensart und Laisser-faire. In den Straßen des French Quarter, besonders in der Bourbon Street, heißt das Motto: »Laissez les bons temps rouler – Lasst es uns gut gehen!«

District, das noble Uptown mit seinen Südstaatenvillen inmitten grüner Parks, stellt man fest, dass hier der Alltag wieder eingekehrt ist.

Die Flutwellen erreichten diese, schon seit Jahrhunderten bewohnten Regionen aufgrund ihrer erhöhten Lage nämlich nicht. Einige Bäume wurden entwurzelt, ein paar Dächer abgedeckt. Doch ansonsten geht in diesen touristisch interessanten Stadtgebieten das gemächliche Leben wieder seinen Gang, beinahe als wäre nichts passiert: Die Läden und Lokale sind größtenteils geöffnet, Museen kann man besichtigen, Schiffe bahnen sich ihren Weg durch die braunen Fluten des Mississippi, Musik ertönt an allen Straßenecken und Besucher genießen in den Cafés den legendären Zichorien-Kaffee und die Beignets.

Der fantastischste Ort der Welt

So leicht lässt sich New Orleans nicht unterkriegen. Schließlich hat die »alte Dame« seit ihrer Gründung mit Franzosen, Spaniern und Amerikanern nicht nur verschiedene Machthaber, sondern auch einige Katastrophen erlebt und überlebt: Überschwemmungen, Hurrikans, Kriege und Besetzungen. New Orleans war schon immer etwas Besonderes. Das Flair, die Gerüche, die Musik, die Küche, die verschiedenen Kulturen, der etwas dekadent-marode Charakter der Stadt und das Laisser-faire der Bewohner verschmelzen hier zu einem einzigartigen »Gumbo«, einem Eintopf, den man sonst in den USA und weltweit vergeblich sucht. Von jeher gehören zu New Orleans aber auch bittere Armut, hohe Kriminalitätsraten, ein miserables Schulsystem, Korruption und Gleichgültigkeit.

Die unverwechselbare Lebensfreude ist zwar nach New Orleans zurückgekehrt, aber nicht alle seiner ehemaligen Einwohner. Von der ursprünglich knappen halben Million sind wohl auch langfristig kaum mehr als 250 000 bis 300 000 zu erwarten. In der Reduzierung der Bevölkerungszahl liegt jedoch auch eine Chance: Derart »abgespeckt« könnte die »alte Dame« New Orleans ihren zweiten Frühling erleben, vorausgesetzt, die Touristen kehren zurück. Und ein Besuch lohnt sich mehr denn je: Wo kann man sonst für einige Tage seinen Alltag vergessen, weinen und trauern, singen und tanzen, essen und trinken?

Musik und gute Küche

Der älteste historische Stadtkern der USA, das French Quarter oder Vieux Carré, fungiert zugleich als Herz, touristische Hauptattraktion und Vergnügungsviertel New Orleans. Hauptarterien sind die Royal Street – ein Mekka für Kunst- und Antiquitätenliebhaber mit zahlreichen Cafés – und die Bourbon Street, der »Entertainment Strip« der Stadt. Hier ertönt aus jeder Bar und an jeder Ecke Musik. Doch schließlich ist in New Orleans der Jazz entstanden und war hier sein berühmtester Vertreter, Louis »Satchmo« Armstrong, zu Hause. Am Mississippi und damit am Rand des French Quarter liegt der French Market,

der schon den Indianern als Handelsplatz diente. Hier gibt es in vier langen Hallen alles, von Lebensmitteln und Souvenirs bis hin zu Imbissständen, Lokalen und Cafés wie dem legendären »Café du Monde«.

An der Schnittstelle der bis ins 19. Jahrhundert hinein streng getrennten kreolischen und amerikanischen Sektoren der Stadt, dem French Quarter und dem Garden District, befindet sich der Central Business District. Seine Hauptachse ist die Canal Street. Im 18. Jahrhundert als Kanal zwischen Mississippi und Lake Pontchartrain geplant, hat sie die ungewöhnliche Breite von 55 Metern. Die St. Charles Streetcar verbindet das Geschäftsviertel mit Uptown – ihr setzte Tennessee Williams in seinem Roman und Elia Kazan in dessen Verfilmung »A Streetcar Named Desire« (»Endstation Sehnsucht«) ein Denkmal. Es handelt sich um die älteste kontinuierlich fahrende Straßenbahn seit 1835. Viele der 35 olivgrünen Wagen von 1923/24 hat Hurricane Katrina in Mitleidenschaft gezogen, doch sie sollen bald wieder verkehren.

Es ist eine alte Streitfrage, die wohl nie geklärt werden kann: Ist die handfeste, sättigende Cajun-Küche oder die französisch angehauchte kreolische Kochkunst besser? Die Kreolen stammen von den ersten französischen und spanischen Siedlern Louisianas ab und gehörten der begüterten Stadtaristokratie an. Man behauptet, dass sich ihre Küche vor allem durch subtile Würze, delikate Saucen und Kreativität auszeichnet. Cajun-Gerichte gelten hingegen gemeinhin als rustikaler, schärfer, weniger raffiniert und entsprechen dem einfachen, hart arbeitenden Völkchen der Cajun. Diese frankokanadischen Flüchtlinge sind seit der Mitte des 18. Jahrhunderts in den Sümpfen westlich der Stadt zu Hause.

MARDI GRAS

2006 feierte New Orleans den 150. Geburtstag des ersten offiziellen Faschingsumzugs. 1856 war es gewesen, als sich die Krewe of Comus, der älteste Karnevalsverein der Stadt, formierte und die erste Mardi Gras Nachtparade mit Fackelträgern abhielt. Um die 70 Karnevalsgesellschaften (»krewes«) gibt es heute im Großraum New Orleans. Gemäß dem Motto der Stadt, »Laissez les bons temps rouler«, feiert man ausgelassen knapp zwei Wochen lang bis zum Faschingsdienstag (Mardi Gras). Dabei finden etwa 30 Paraden statt.

Informationen: www.nola.com

WEITERE INFORMATIONEN ZU NEW ORLEANS

Fremdenverkehrsamt New Orleans & Louisiana, Wiechmann Tourism Service: Tel. (0 69) 25 53 82 70.

Websites: www.neworleans.de, www.neworleanscvb.com

Mark Twain machte den Ol' Man River Mississippi, an dem »La Nouvelle-Orléans« 1718 gegründet wurde, unsterblich. Steamboats – nachgebaute Schaufelraddampfer – bahnen sich noch heute ihren Weg durch die braunen Fluten des Flusses vor der modernen Skyline der Stadt.

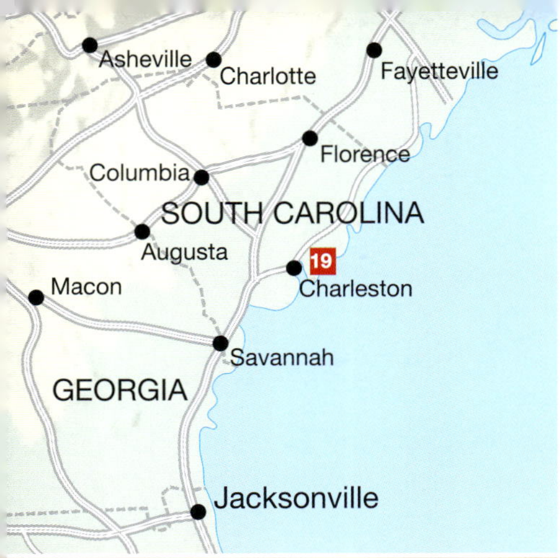

1670 von englischen Kolonisten gegründet, gilt »Charles Towne« bis heute als »La Belle of the Old South«, die Perle des Alten Südens. Vom guten Geschmack der englischen Lords findet man in Charleston genügend Beispiele; außerdem gilt die Stadt als vorbildlich in Sachen Stadtsanierung und Restaurierung.

19 Charleston, die Perle des Alten Südens

Spaziergang durch »Little London«

1670 von wohlhabenden englischen Kolonisten gegründet, galt »Charles Towne« im 18. und frühen 19. Jahrhundert als »die« Kulturmetropole des neuen Kontinents. Man nannte den Ort »La Belle of the Old South«, die Perle des Alten Südens. Bereits 1763 rühmte der Autor eines zeitgenössischen Reiseberichts, Johann David Schöpf, dass es »1100 Wohnhäuser großteils von auffälligem Äußeren und elegant möbliert« gäbe. Noch heute kann man in Charleston gut nachvollziehen, welche Reichtümer man durch den Anbau und Handel mit Baumwolle, Reis und Indigo angehäuft hat.

Die bunt gemischte Bevölkerung lässt Charleston wie einen Verschnitt aus New Orleans, San Francisco, Barbados und Boston wirken. Von der selten bescheidenen, aber überaus geschmackvollen städtischen Lebensweise der englischen Lords findet man in Charleston – während der Kolonialzeit »Little London« genannt – genügend Beispiele; außerdem gilt die Stadt als vorbildlich in Sachen Stadtsanierung und Renovierung. Und im Frühjahr bietet sich ein prächtiges Bild: Azaleen, Kamelien, Magnolien und Rhododendren in den Gärten und Parks legen Zeugnis vom mild-feuchten Klima South Carolinas ab.

Charleston zählt zu den ältesten europäischen Ansiedlungen auf dem neuen Kontinent. King Charles II. hatte 1663 acht Adelige, unter ihnen Lord Anthony Ashley Cooper, Graf von Shaftesbury, Land auf dem neuen Kontinent übereignet. Zusammen mit dem Philosophen John Locke erarbeitete man eine stadtstaatliche Verfassung für die neue Kolonie »Carolina«, die auf Landbesitz und Sklavenhaltung basierte. 1670 landeten die ersten englischen Siedler und ließen sich zunächst am Westufer des Ashley River nieder, der die heutige Stadt im Süden umschließt. Erst zehn Jahre später verlegte man die Siedlung an ihren endgültigen Ort, auf die Halbinsel zwischen Ashley und Cooper River.

Die Kolonie wollte ursprünglich jene Produkte anbauen, die im kühleren Norden nicht gediehen, wie etwa Zitrusfrüchte, Datteln, Feigen und Zuckerrohr.

723-7150

Charleston ist ein architektonisches Freiluftmuseum mit Bilderbuchcharakter. Die Palette reicht von Geschäftshäusern (oben) über die festungsartige Militärakademie The Citadel (Mitte) und luxuriöse Sommervillen (unten und rechte Seite) allesamt liebevoll in Schuss gehalten.

Doch Erfolge damit blieben aus, und es waren letztlich Reis, Indigo und Baumwolle, die die Region reich machten. Charleston entwickelte sich zur fünftgrößten Stadt Amerikas mit dem sechsfachen Pro-Kopf-Einkommen von New York und höherem Güterexport als jede andere Kolonialstadt. Kein Wunder, dass in den Carolinas im Laufe der zweiten Hälfte des 18. Jahrhunderts der Ruf nach Unabhängigkeit vom britischen Mutterland besonders laut wurde.

Wie Phönix aus der Asche

Seinen umstrittensten Auftritt hatte Charleston 1860/61. Am 20. 12. 1860 unterzeichneten Politiker aus South Carolina in Charleston die »Ordinance of Secession« und damit die Loslösung von der Union. Die Beschießung und Eroberung von Fort Sumter im Mündungsdelta, das als militärischer Stützpunkt der Unionstruppen diente, löste am 12. April 1861 den Bürgerkrieg zwischen den Nord- und Südstaaten aus. Er fand vier Jahre später in Charleston mit Bombardierung, Eroberung und weitreichender Zerstörung ein unrühmliches Ende.

Auf einen Schlag war die Metropole nicht nur in Schutt und Asche versunken, sondern auch in Vergessenheit geraten. Zum Glück fehlte nach dem Bürgerkrieg das Geld, die beschädigten Gebäude abzureißen, und so rückten erst nach dem Ersten Weltkrieg Baufirmen an. Privatinitiativen und ambitionierten Restaurierungsprogrammen ist es zu verdanken, dass die Stadt am Ende wie Phönix aus der Asche wiederauferstand und zu einer der herausragenden Sehenswürdigkeiten der USA wurde.

Architektonisches Freiluftmuseum

Dass Charleston heute als architektonisches Freiluftmuseum mit Bilderbuchcharakter gilt, ist Verdienst der Historic Charleston Foundation und der Preservation Society. 73 Häuser aus der Kolonialzeit, 136 aus dem späten 18. Jahrhundert und 623 aus der Zeit vor 1840 sind erhalten. Obwohl nach der Unabhängigkeit Charleston zu den wohlhabendsten Städten der USA zählte und der herrschende Luxus und Prunk unvorstellbar war, gaben sich die Häuser äußerlich meist eher schlicht, wie beispielsweise jene entlang der viel fotografierten »Rainbow Row«. Um die Wende vom 18. zum 19. Jahrhundert kamen mehrstöckige Ziegelhäuser in Mode, und im 19. Jahrhundert begann man, sich im Inneren an Prunk und Dekor zu überbieten: Joseph Manigault – Bruder von Gabriel Manigault, dem neben Robert Mills führenden Architekten Charlestons und des Südens – gestaltete als Erster sein Haus im eleganten, höchst aufwändigen Adams Style aus.

An der Kreuzung Meeting/Broad Street befand sich einst das wirtschaftliche Zentrum der Stadt. An diesen »Four Corners of Law«, wie die einheimische Autorin A. Ripley die Ecke nannte, sind die vier Gewalten vertreten: die städtische, die Bezirks- und die Bundes-Verwaltung sowie die Kirche. An der Nord-

westecke erhebt sich das Charleston County Courthouse, um 1760 erbaut und 1788 nach einem Brand neu errichtet. Gegenüber, am Washington Square, steht die City Hall, 1801 als »The First Bank of the United States« von Gabriel Manigault erbaut und ab 1818 Rathaus. Zwischen 1752 und 1761 entstand an der Südostecke die St. Michael's Episcopal Church als zweite Kirche der Stadt. Das U.S. Courthouse and Post Office von 1886 bildet den vierten Teil des Ensembles.

Prächtige Plantagenvillen im Umland

Im Umland von Charleston wird es noch großzügiger und aufwändiger. Ab der Mitte des 18. Jahrhundert bis zum Bürgerkrieg reihte sich hier einst ein prächtiges Plantagenhaus ans nächste. Geblieben sind wenige, doch diese hat man restauriert und öffentlich zugänglich gemacht. Mindestens ein oder zwei der Herrenhäuser mit ihren üppigen Gartenanlagen muss man gesehen haben. Hier wohnten die Plantagenbesitzer während der Wintermonate, während sie im Sommer das Leben in der luftigeren und insektenärmeren Hafenstadt vorzogen.

Zu den sehenswerten Bauten gehört die von 1738 bis 1742 errichtete Drayton Hall. Sie ist ein Musterbeispiel des so genannten Greek Revival Style, bei dem Elemente griechischer Tempel im Villenbau Verwendung fanden. Die Magnolia Plantation war als älteste Plantage ab 1670 entstanden. Das Haus brannte jedoch ab und den Nachfolgerbau zerstörte der Bürgerkrieg. Die von den Besitzern angelegten Gärten blieben hingegen weitgehend unversehrt und bilden heute den Kern eines berühmten Botanischen Gartens. Die älteste Gartenanlage der USA befindet sich in Middleton Place, während die Boone Hall als meistfotografierte Plantage gilt. Durch eine imponierende Allee von alten Live Oak Trees, immergrünen Eichen, mit weit herabhängendem Spanish Moss, gelangt man zum prächtigen, 1750 erbauten Herrenhaus, dessen weiße Säulen schon von Weitem strahlen.

MUSIK ALS BRÜCKENSCHLAG

Seit 1977 findet alljährlich im Mai in Charleston das Spoleto Festival USA statt. Dieser von Gian Carlo Menotti ins Leben gerufene Musikevent versteht sich als Brückenschlag zwischen den USA und Europa, verbindet er doch zwei Städte mit ähnlichem Schicksal: das umbrische Städtchens Spoleto – das im Mittelalter in der Versenkung verschwand – und Charleston. Gleichzeitig sollen die Konzerte Europäern moderne amerikanische Musik und Amerikanern die klassische europäische Musik näher bringen.

Spoleto Festival: Tel. (8 43) 7 22 27 64, www.spoletousa.org

WEITERE INFORMATIONEN ZU CHARLESTON

South Carolina Tourism Office Germany: Tel. (0 61 72) 92 16 04, Fax (0 61 72) 92 16 05.
Websites: www.charlestoncvb.com, www.DiscoverSouthCarolina.com

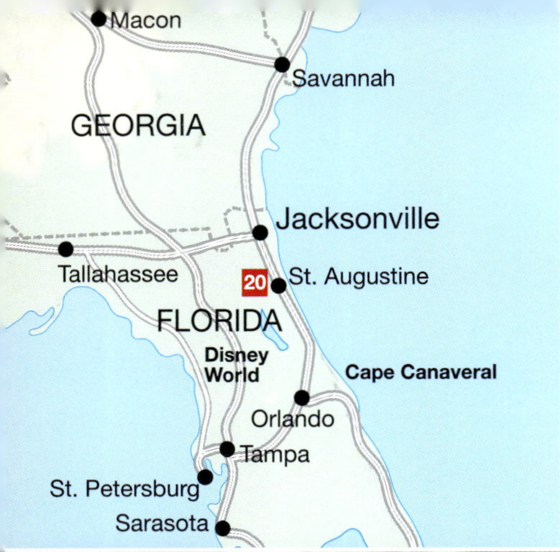

In der ältesten dauerhaften europäischen Siedlung in Nordamerika, St. Augustine, ist das spanische Erbe vor allem im Spanish Quarter (linke Seite) lebendig. In eines der ehemaligen Luxushotels sind das Rathaus und das sehenswerte Lightner Museum eingezogen (rechts unten).

20 Spanisches Erbe in St. Augustine

Auf der Suche nach dem Jungbrunnen

St. Augustine kann sich zwar an Flair und Idylle nicht mit den beiden anderen Südstaatenmetropolen messen, aber dennoch sollte die Stadt an Floridas Atlantikküste in keinem Besuchsprogramm fehlen. Während Charleston den früheren Reichtum der Südstaaten verkörpert und Savannah das Ergebnis zukunftsweisender urbaner Planung ist, spiegelt St. Augustine das spanische Erbe der Südstaaten wider – und gilt als älteste dauerhafte europäische Siedlung Nordamerikas.

An einem sonnigen Frühjahrstag im Jahr 1513 legte eine Hand voll Spanier unter Führung von Juan Ponce de León erstmals in der Nähe des heutigen St. Augustine an. Sie waren auf der Suche nach einem sagenhaften Jungbrunnen – ein Gerücht, mit dem die Indianer die Fremden möglichst schnell aus ihrer Heimat vertreiben wollten. In der Tat fand man ihn nicht, und die Spanier segelten enttäuscht ab. Erst als sich Jahrzehnte später französische Hugenotten in der Nähe des späteren Jacksonville ansiedelten, wurden die Spanier nervös: Fremde im Hoheitsgebiet? Man reagierte prompt: Im Herbst 1565 entstand die spanische Siedlung St. Augustine.

Spanischer Außenposten in der Neuen Welt

Schon wenig später wählte man den kleinen, abseits gelegenen Außenposten zum Verwaltungssitz des spanischen Interessengebiets im Südosten Nordamerikas. Da Franzosen und Briten laufend Vorstöße unternahmen, begannen die Spanier 1672, nördlich der bestehenden Siedlung das Castillo de San Marcos zu errichten. Die Festung entpuppte sich im Laufe der Jahrhunderte als uneinnehmbares Bollwerk. Schließlich erwarben die USA 1821 ganz Florida und damit auch den alten spanischen Außenposten. St. Augustine erlangte in der Folgezeit nie die Größe und den Wohlstand anderer Küstenstädte, sondern blieb ein relativ unbedeutender Militärposten. Erst als Nordstaatler die Gemeinde als Erholungsrefugium entdeckten und 1883 der Öl- und Eisenbahnmagnat Henry M. Flagler eine Eisenbahnlinie und ein erstes Luxushotel baute, setzte ein Aufschwung ein. Nach und nach errichtete Flagler in Florida elf Hotels und trug damit erheblich zum legendären Ruf des Staates als Ferienparadies bei.

St. Augustine heute

Die Stadt hat viel von ihrem spanischen Erbe bewahrt, sowohl architektonisch als auch kulturell, und das, obwohl nur noch ein Teil der Altstadt erhalten ist. Denn was die wechselvolle Geschichte übrig gelassen hatte, zerstörten 1887 und 1914 zwei Brände. Nach dem Zweiten Weltkrieg begann man mit der Renovierung des historischen Stadtkerns. Seitdem ist die Abteilung »Stadtarchäologie« und mit ihr zahllose freiwillige Helfer fast kontinuierlich damit beschäftigt, die Spuren der Vergangenheit zu untersuchen und zu präsentieren.

Einen Rundgang durch Spanish St. Augustine beginnt man am besten am markanten Castillo de San Marcos, der ältesten Steinfestung der USA. Sie ist das einzige erhaltene Beispiel von Militärarchitektur aus dem späten 17. Jahrhundert. Durch die nahe gelegenen City Gates geht es auf der St. George Street mitten hinein in das Spanish Quarter – ein auf den ersten Blick buntes, etwas kitschig-touristisch wirkendes Freilichtmuseum. Doch hinter Souvenirläden, Cafés und Restaurants verbergen sich mehr als 50 liebevoll restaurierte Häuser im spanischen Kolonialstil, inklusive der typischen Innenhöfe. Sie geben der Stadt ein ungewöhnliches, spanisch-karibisches Flair.

Das Zentrum des Ortes bildet der alte spanische Hauptplatz, die Plaza della Constitución. Der Ostteil dient heute wieder einmal pro Woche als öffentlicher Markt. Die 1793 bis 1797 erbaute Cathedral of St. Augustine, Sitz der ältesten katholischen Gemeinde der USA, beherrscht den Platz. In nächster Nähe erinnern gleich drei Grandhotels – »Alcazar« (heute Museum und City Hall), »Ponce de Leon« (heute Flagler College) und »Casa Monica« (Hotel) – an die Vergangenheit der Stadt als Sommerfrische der High Society.

URLAUB AUF ROCKEFELLERS SPUREN

Von den ehemaligen drei Grandhotels hat heute nur noch die »Casa Monica« diese Funktion. Nach aufwändiger Renovierung erstrahlt sie seit 1999 in neuem Glanz. Außer 138 erschwinglichen Zimmern gibt es eine Reihe luxuriöser Suiten, außerdem Pool und Fitnesszentrum, Restaurant und Café. Beeindruckend ist die Lobby, die man nach Fotos und Aufzeichnungen originalgetreu rekonstruiert hat. In einem 1933er Chevy oder einem 1929er Ford chauffieren Bedienstete die Gäste wie einst die Flaglers oder Rockefellers durch die Stadt.

Casa Monica Hotel: 95 Cordova St, St. Augustine, FL 32084, www.grandthemehotels.com, www.casamonica.com

WEITERE INFORMATIONEN ZU ST. AUGUSTINE

PELA Touristik: Tel. (0 60 27) 9 79 69 81, Fax (0 60 27) 9 79 69 82.

Websites: www.oldcity.com, www.visitflorida.com/deutsch

Miami Beach steht heute synonym für Dolce Vita und Fun, für Strand und Sonne. Die Parole heißt hier »Sehen und Gesehenwerden«. Das einzigartige Art-déco-Viertel (links unten) und der große Kreuzfahrtschiffhafen (rechts außen) haben Miami zu Attraktivität und Ansehen verholfen.

21 Miami Beach und die Roaring Twenties

Dolce Vita am Strand und beim Cocktail

Miami Beach, anfangs idyllischer Rückzugsort wohlhabender, erholungssuchender Nordstaatler, steht heute synonym für Strand und Sonne, Dolce Vita und Fun. Es erinnert eher an einen südspanischen Ferienort als an eine Strand-Kommune in Nordamerika. Auch wenn der Putz stellenweise etwas abbröckelt und Ramschläden neben Edelboutiquen und Luxushotels in nächster Nähe zu Absteigen stehen – die pastellfarbenen Art-déco-Bauten und der endlose Sandstrand haben ihren Reiz nicht verloren.

Bonbonfarben – pink, hellblau, hellgrün oder dottergelb –, stromlinienförmig oder geschwungene, klare geometrische Formen und schlichtes Dekor: Das sind die auffälligsten Merkmale des Art déco. Diese Stilrichtung ging vom Europa zwischen den beiden Weltkriegen aus und manifestierte sich in den USA, wo sie in den 1930ern en vogue war. Erst »Modernistic« oder »Style Moderne« genannt, kam für sie in den 1960ern der Begriff »Art déco« auf. Er ist die Abkürzung einer Pariser Ausstellung des Jahres 1925, die »Exposition Internationale des Arts Décoratifs Industriels et Modernes«.

Nordöstlich von Miamis Innenstadt liegt Miami Beach. Es ist durch den Intracoastal Waterway von der City getrennt. Im Süden von Miami Beach – auch »South Beach« genannt – befindet sich das wohl berühmteste Bauensemble im Art déco. Das Areal zwischen Ocean Drive, Collins und Washington Avenue bis hinauf zur Lincoln Road gilt mit seinen Bauten aus den 1920er-Jahren und 1930er-Jahren als klassischer Art-déco-District.

Zurück in die Roaring Twenties

Der Art déco ist ein Spiegelbild der Roaring Twenties, einer Zeit des Wandels, der gesellschaftlichen Umbrüche, des Fortschritts, der Industrialisierung und der Technisierung. Die Architekten griffen auf verschiedene frühere Stile zurück, beispielsweise den Jugendstil mit seinen floralen Motiven, Flamingos und Nymphen. Die Arts & Crafts- sowie die

Bauhaus-Bewegung fungierten in formaler Hinsicht ebenso als Vorbilder wie etwa die Kunstrichtungen Kubismus, Futurismus und Konstruktivismus, die besonders bezüglich der Schlichtheit und der Geometrie Einfluss ausübten. Dazu erhielt man Anregungen aus dem Fernen und Mittleren Osten, aus Griechenland und Rom, Ägypten und der Maya-Kultur.

Als dekorativer Stil kam Art déco, in der Baukunst auch »Streamline Moderne« genannt, besonders an repräsentativen beziehungsweise öffentlichen Gebäuden wie Theatern, Restaurants, Hotels oder auch Ozeankreuzern zum Einsatz. Doch nicht nur in der Baukunst sorgte er für Akzente. Auch das Kunsthandwerk – Möbel, Skulptur, Kleidung, Schmuck, Grafik – und nicht zuletzt das Industriedesign – Küchengeräte, Fernseher und Autos – griffen den neuen Stil auf.

Sehen und gesehen werden

Entlang dem Ocean Drive wimmelt es beinahe zu jeder Tages- und Nachtzeit – die Parole heißt »Sehen und Gesehenwerden«. Hier konzentrieren sich Bars, Kneipen, Shops und Vergnügungseinrichtungen aller Art vor der Kulisse öffentlich zugänglicher, künstlich aufgeschütteter Strände. Kioske vermieten Wassersportzubehör, Liegestühle und Sonnenschirme, und Baywatch Tower erinnern an die gleichnamige Serie. Am Ocean Drive wechseln sich pastellfarbene Hotels, wie das »Casa Grande« oder das »Waldorf Towers Hotel«, mit ausgeflippten Poolbars, Cafés und Restaurants ab. Musterbeispiele des Art déco sind das »Breakwater Hotel & Café«,»All Star Café« (im Edison), »Park Central«, »Cardoso«, »Berkley Shore«, »Majestic«, »Cavalier« und das »Netherland«.

Hotels, Läden, Apartment-Hochhäuser, Bars, Kneipen und Vergnügungseinrichtungen reihen sich auch entlang der Collins Avenue aneinander, der parallel verlaufenden, endlos scheinenden Hauptachse von Miami Beach. Im Südteil, nahe dem Ocean Drive, wechseln sich teure Designerboutiquen und verrückte Shops, Cafés und Boutiquen ab. Beide Straßen sind hier durch kleine Fußgängerzonen und verkehrsberuhigte Straßen verbunden, ebenfalls gesäumt von Shops, Galerien, Lokalen, Bars und Cafés, zumeist mit Tischen im Freien.

MIAMI BEACH HOTELS

In South Beach (Miami Beach) ist die Palette an attraktiven Boutique-Hotels groß. Vor allem drei ungewöhnliche Art-déco-Unterkünfte lohnen: »The Nassau Suite Hote«, »The Beachcomber Hotel« und »The Bayliss Guest House« (alle zu buchen über Tel. (3 05) 5 31 37 55, Fax (3 05) 6 73 86 09, www.nassausuites.com). Ebenfalls etwas Besonderes ist »The Albion Hotel« (1650 James Ave, Tel. (3 05) 5 31 65 88, Fax (3 05) 5 31 45 80), eines von mehreren empfehlenswerten »Rubell-Hotels« (www.rubellhotels.com). Das renovierte Designer-Art-déco-Hotel verfügt über geschmackvoll eingerichtete Zimmer, großen Pool und Cafeteria.

WEITERE INFORMATIONEN ZU MIAMI BEACH

PELA Touristik: Tel. (0 60 27) 9 79 69 81, Fax (0 60 27) 9 79 69 82, E-Mail: florida@t-online.de.
Websites: www.miamiandbeaches.com, www.cometothesun.com, www.visitflorida.com/deutsch

22 Savannah im Schatten

Die »Tree City« Savannah ist städteplanerisch revolutionär: Gleichförmige Blocks um zentrale Plätze reihen sich von der Riverfront nach Süden aneinander.

Spaziergänge durch die Tree City

Savannah ist es gewohnt, im Schatten zu stehen: In dem der mächtigen mit Epiphyten behangenen immergrünen Eichen, die der Stadt den Beinamen »Tree City« eingebracht haben – aber auch im Schatten von Charleston. Die Stadt am Mündungsdelta des Savannah River kann jedoch, was Reiz und Atmosphäre angeht, durchaus mithalten. Das Besondere ist die wegweisende Stadtplanung. Mit 114 Kolonisten hatte 1733 der englische General James Oglethorpe ein Experiment gestartet: Savannah sollte ehemaligen Schuldhäftlingen aus dem Mutterland einen Neuanfang ermöglichen und allen gleiche Bedingungen bieten. Zu diesem Zweck gruppierte er »Wards«, gleichförmige Blocks, um zentrale Plätze, Squares, und reihte diese modulartig aneinander. 24 solche Einheiten bilden den Stadtkern und sind großteils noch im Originalzustand erhalten. Im Bürgerkrieg verschont, verhinderte eine Bürgerinitiative in den 1950er-Jahren den Abriss und startete eines der erfolgreichsten Restaurierungsprojekte der USA.

INFORMATIONEN: www.savannahvisit.com, TMR, Tel. 0 21 04/28 66 72, www.travelmarketing.de

23 Vom Cape Canaveral ins All

Das John F. Kennedy Space Center in Cape Canaveral gilt als Wiege der amerikanischen Raumfahrt.

Wiege der amerikanischen Raumfahrt

Beim Namen »Cape Canaveral« denkt man sofort an Raketen und Astronauten. Das rund 60 Kilometer von Orlando entfernte John F. Kennedy Space Center gilt als Wiege der amerikanischen Raumfahrt. Am 21. Juli 1969 landete erstmals eine Apollo-Raumkapsel auf dem Mond, und die Voyager begann 1977 das Weltall zu erkunden; inzwischen ist die ISS (International Space Station) das Aushängeschild. Die NASA (National Aeronautics and Space Administration) entstand unter Präsident Dwight D. Eisenhower. Das Space Center in Cape Canaveral avancierte zum Kernstück. Es erstreckt sich über 56 600 Hektar auf Merritt Island, einem Naturschutzgebiet an Floridas Atlantikküste. Außer der Astronaut Hall of Fame und dem Kennedy Space Center Visitor Complex lohnen die Bustouren über das NASA-Gelände. Es gibt Filmvorführungen, Shows und Vorträge, den Rocket Garden mit Raketen ab 1958, die Shuttle Plaza und die Space Flight Gallery zu Geschichte und Zukunft der Raumfahrt.

INFORMATIONEN: www.ksc.nasa.gov, www.kennedyspacecenter.com

24 Disney World: Traumwelt in Florida

Besuch bei Mickey Mouse und Freunden

Mit etwa 30 Millionen Besuchern im Jahr ist Walt Disneys Traumwelt in Florida die meistbesuchte Attraktion der USA. Nachdem Disneyland in Kalifornien seit 1955 ein Erfolg ist, begann man in den 1960ern eine ähnliche künstliche Vergnügungswelt in einem etwa 110 Quadratkilometer großen Sumpfgelände südwestlich von Orlando aus dem Boden zu stampfen. Die Eröffnung am 10. Oktober 1971 erlebte der 1966 gestorbene Walt Disney nicht mehr. Nicht nur in Disney World selbst – flächenmäßig rund doppelt so groß wie Manhattan – rückten schweres Baugerät an, der ganze Süden Orlandos verwandelte sich in ein riesiges Urlaubs- und Vergnügungsareal. Disney World ist eine eigene Stadt, mit Unterhaltungen aller Art, Fahrtmöglichkeiten, Grün- und Erholungsflächen, Lokalen und Shops. Der Komplex besteht aus dem 1971 als erstem Teil eröffneten Magic Kingdom, dem Epcot Center, den Disney-MGM-Studios, Disney's Animal Kingdom, dem neuen Downtown Disney mit Lokalen und Läden sowie Water Parks.

INFORMATIONEN: www.disney.com

Walt Disneys Traumwelt in Florida zählt seit der Eröffnung 1971 zu den meistbesuchten Attraktionen der USA.

25 Everglades National Park

Schützenswertes Sumpf- und Marschland in Südflorida

Es hat lange gedauert, bis die Weißen die Bedeutung der Everglades für das Ökosystem erkannt haben. Denn noch um 1900 hatten Siedler begonnen, den »wertlosen« Sumpf trockenzulegen, um Land zu gewinnen. Für die Seminole-Indianer hingegen war und ist das ausgedehnte Sumpf- und Marschland, das einst die ganze Südspitze Floridas bedeckt hat, stets die geschätzte Heimat. Immerhin gelang es Naturschützern in den 1930ern die Regierung davon zu überzeugen, über 600 000 Hektar als Everglades National Park unter Schutz zu stellen. Das Areal im Süden und Westen von Miami stellt eine einzigartige subtropische Wildnis aus Mangrovensümpfen und Marschland dar, aus Wäldern mit Palmen, Eichen, Pinien, Mahagoni, Zypressen sowie Grasprärien. Hierher haben sich vielfach selten gewordene Tierarten wie der Florida Panther oder die Manatees (Seekühe), aber auch Schwarzbären, Schildkröten, Alligatoren und eine große Zahl von Vögeln wie Pelikane, Enten, Reiher, Kraniche und Ibisse zurückgezogen.

INFORMATIONEN: www.nps.gov/ever

Heimat der Seminole-Indianer: das Sumpf- und Marschland der Everglades.

Der Mittlere Westen gilt als das Herz der USA, als Land der Minen, Siedlertrecks und Indianer, Ranches und Büffel. Oben: Blick vom Sears Tower auf Chicagos Skyline. Mitte: Motel an der Old Route 66. Unten: Gateway Arch in St. Louis und immer dem Sonnenuntergang entgegen – auf der Route 66.

Der Mittlere Westen der USA

Chicago genießt den Ruf als Weltstadt, als kulinarische und Shopping-Destination sowie als architektonisches Musterbuch. Oben: Der Buckingham Fountain im Grant Park, unten: Chicago Cultural Center mit Kuppel von Tiffany, rechte Seite: Skyline vom Lake Michigan aus (oben) und Marina Towers (unten).

26 Chicago – The Windy City

Besuch in der amerikanischsten Stadt

»The Windy City« – woher die Metropole des Bundesstaates Illinois ihren Spitznamen hat, weiß niemand so genau. Ist er auf die durch die Straßenschluchten pfeifenden Winde oder eher auf den schlechten Ruf der »windigen« Politker – »those windy boys of Chicago« – zurückzuführen? Sicher ist, dass Chicago als die amerikanischste Stadt in den USA gilt, als das »Herz Amerikas«, wie Alfred Kerr einmal meinte. Und nach New York und Los Angeles bildet sie mit rund acht Millionen Menschen zugleich den drittgrößten städtischen Großraum Nordamerikas.

Was den Ruf als Weltstadt, als Schmelztiegel, als kulinarische Anlaufstelle und Shopping-Destination sowie als architektonisches Musterbuch angeht, kann Chicago sogar mit New York mithalten. Anders als »The Big Apple« ist Chicago jedoch gemütlicher, weniger aggressiv und hektisch, übersichtlicher und sauberer. Obwohl so locker-liberal und kulturbesessen wie San Francisco, gibt sich Chicago hemdsärmeliger und ernster. Doch alle Vergleiche können die Stadt am Michigan Lake nur unzureichend charakterisieren – sie ist etwas Besonderes!

Stadt der vielen Gesichter

Chicago ist eine Stadt mit vielen Gesichtern: Es ist die Stadt der Sieger und Verlierer, der Armen und Reichen, der verschiedensten Ethnien. In Stadtvierteln wie Chinatown, Greektown, im mexikanischen, in den deutschen Vierteln und Little Italy kommt diese ethnische Vielfalt zum Ausdruck. Auf Chicagos Straßen geht es so chaotisch zu wie manchmal im europäischen Süden, doch zugleich zählt Chicago zu den fahrradfreundlichsten Städten weltweit. Über die Jahrhunderte hat es sich vom Indianerdorf zur Weltstadt entwickelt, von der einstigen Stadt der Schlachthöfe und Gangster wie Al Capone zum Bankenzentrum und zur Warenbörse. Nicht zuletzt ist es inzwischen nach New York zum bedeutendsten Finanzplatz der USA avanciert. Und das trotz des verheerenden Brandes von 1871.

Chicago ist die Stadt des Blues und des Jazz, der Kunst und der Einkaufszentren, der Parks und der Architektur. Es ist eine

Linke Seite: Im Loop, Chicagos Innenstadtbereich, ist »Kunst am Bau« omnipräsent: Miró (oben) hat sich hier ebenso verewigt wie Picasso (unten) und manch sprühender Zeitgenosse (Rechte Seite unten). Frank O. Gehry errichtete im Millenium Park den Jay Pritzker Music Pavillon (Rechte Seite oben).

Stadt der Superlative: In Chicago liegt der als bester öffentlicher Platz gepriesene Millennium Park, hier entstand der erste Skyscraper und stehen gleich drei der weltweit höchsten Bauten. Die größte öffentliche Bibliothek der Welt lädt zum Schmökern ein, das größte Indoor-Aquarium zum Besuch. Hier gibt es den größten Brunnen und den größten Zoo, die größte Kläranlage, die größte Zeitungsfabrik, den größten Flughafen und vieles mehr. Und hier kann man zudem den einzigen Fluss der Welt bestaunen, der rückwärts fließt: Einst mündete nämlich der Chicago River in den Lake Michigan, seit 1900 fließt er nun aber über einen Kanal in den Mississippi.

Going to the Loop

Vom Chicago River durchflossen und mit einem 35 Kilometer langen, unbebauten Uferstreifen am Lake Michigan, präsentiert sich »The Windy City« als faszinierende Mischung aus Gestern, Heute und Morgen. Viele der Gebäude stammen aus der Zeit um 1900. Damals war die Stadt Sitz der berühmten School of Chicago, und große Baumeister wie Louis Sullivan, Frank Lloyd Wright oder Mies van der Rohe bauten die im Jahr 1871 beim »Great Fire« fast völlig niedergebrannte Stadt wieder auf. Die im 20. Jahrhundert tätigen Architekten, wie beispielsweise Helmut Jahn, I. M. Pei oder SOM, fügten moderne und postmoderne Architektur hinzu und trugen dazu bei, dass Chicago heute einen Querschnitt durch die Weltarchitektur bietet, wie man ihn sonst nirgendwo findet.

Das Herz der Stadt ist als »The Loop« bekannt. Dieser Stadtkern hat seinen Namen von der Ende des 19. Jahrhunderts erbauten Hochbahn. Die »El« (Elevated Train) oder kurz »L« umkreist auf einem Quadrat von jeweils rund eineinhalb Kilometer Seitenlänge den zentralen Bereich der Innenstadt. Heute bezeichnet »The Loop« jedoch eher das gesamte Innenstadt-Areal zwischen den beiden Armen des Chicago River, dem Congress Parkway und der Michigan Avenue am Grant Park. »Going to the Loop« heißt die Parole, denn an dieser Stelle konzentrieren sich Finanzen, Wirtschaft und Kommerz. Neben legendären Konsumtempeln wie »Marshall Field's« (heute »Macy's«) und »Carson Pirie Scott« stehen hier Epoche machende Wolkenkratzer und erstklassige Skulpturen. Und hier beginnt die Michigan Avenue, die jenseits des Chicago River als »Magnificent Mile« zu den exklusivsten Einkaufsstraßen der Welt zählt.

Grant Park und das »achte Weltwunder«

Zwischen Loop und Lake Michigan schiebt sich der Grant Park. Er ist das Kernstück einer Reihe von Parks, die das Seeufer auf insgesamt 35 Kilometer Länge begleiten. Seit 1836 kontinuierlich ausgebaut, dient der Grünstreifen zwischen See und Stadt nicht nur als grüne Oase und Spielwiese der Chicagoer, sondern auch als Sport- und Kulturtreff. Hier liegen das Stadion der Bears, der beliebten American Footballer, sowie vier bedeutende Museen: das Art Institute of Chicago, eines der besten Kunstmuseen der USA, das Field Museum of Natural History, das Shedd Aquarium und das Adler Planetarium & Astronomy Museum.

Neuester Teil des Grant Park ist der Millennium Park. Diese am 16. Juli 2004 eröffnete Grünanlage feiert man dank ihrer gelungenen Symbiose von Architektur, Kunst und Landschaftsdesign überschwänglich als »achtes Weltwunder«. Seit der Eröffnung zählt sie zu den Wahrzeichen und Aushängeschildern Chicagos. Der Millennium Park vereint mehrere Monumente und Plätze, einen Botanischen Garten und das Harris Theater. Das wohl spektakulärste Objekt ist jedoch »Cloud Gate«, eine überdimensionale, blank polierte Stahlskulptur, die einer riesigen Bohne gleicht und deswegen »The Bean« genannt wird. In diesem Kunstwerk des britisch-indischen Künstlers Anish Kapoor spiegelt sich die »Michigan Avenue Streetwall« höchst fotogen. Ein architektonischer Höhepunkt ist der Jay Pritzker Music Pavilion von Frank Gehry. Seine etwa 40 Meter hohe, silberglänzende, vielfach gefaltete und geschwungene Stahlkonstruktion sorgte für großes Aufsehen.

Beliebt bei Kindern ist der Crown Fountain des spanischen Künstlers Jaume Plensa aus Barcelona. Der Brunnen besteht aus zwei rund 15 Meter hohen, wasserüberspülten Glastürmen an den Enden eines nur wenige Zentimeter tiefen »Plantschbeckens«. Die beiden Türme sind mit LED-Screens ausgestattet und zeigen wechselnde Videoporträts von etwa 1000 Chicagoern. Und dann wäre im Park noch der »Fahrradbahnhof« – Parkplatz, Radverleih, Reparaturdienst, Tourveranstalter, Shop, Café und Infostelle in einem. Dazu gibt es Duschen und Schließfächer. Diese Einrichtung wird von Pendlern, die zeitsparend und umweltbewusst in die Stadt kommen, aber auch von Besuchern, die Chicago auf dem umfassendes Radwegnetz kennen lernen möchten, viel genutzt.

FESTIVAL CITY CHICAGO

Chicago ist stolz auf diesen Titel – nicht zu Unrecht: Blues, Jazz, Gospel, Country Music Festivals, Taste of Chicago, Air & Water Show, Oktoberfest ... – es gibt fast kein Wochenende in den Sommer- und Herbstmonaten, an dem nicht etwas los ist. Die meisten Veranstaltungen finden im Grant Park statt, viele sind kostenlos. Für große Konzerte stehen der Pritzger Pavilion im Millennium Park oder der Charter One Pavilion, eine Freiluft-Konzertarena auf Northerly Island, zur Verfügung. Zu den Highlights zählen das Chicago Blues Festival am zweiten Juni-Wochenende und Taste of Chicago, ein kulinarisches Fest Ende Juni/Anfang Juli.

Informationen:
www.cityofchicago.org/specialevents

WEITERE INFORMATIONEN ZU CHICAGO

Fremdenverkehrsbüro Chicago & Illinois, Wiechmann Tourism Service: Tel. (0 69) 25 53 82 80, Fax (0 69) 25 53 81 00.
Websites: www.gochicago.de, www.cityofchicago.org/exploringchicago, www.choosechicago.com

Chicago ist die perfekte Symbiose von Alt und Neu. Historische Gebäude aus der Zeit um 1900, als die Stadt Sitz der berühmten School of Chicago war und Baumeister wie Louis Sullivan, Frank Lloyd Wright oder Mies van der Rohe wirkten, stehen hier neben wegweisender moderner und postmoderner Architektur.

In Chicagos Vorort Oak Park sind rund 25 Gebäude vom Reißbrett des berühmten Architekten F. L. Wright vereint. Nur sein eigenes Haus (rechte Seite), wo der Architekt von 1889 bis 1909 lebte und arbeitete, sowie der Unity Temple (links oben) können besichtigt werden; die anderen Häuser sind in Privatbesitz.

27 Oak Park – Chicagos ungewöhnlicher Vorort

Auf den Spuren von Wright und Hemingway

Wer in Chicago ist, darf ein Ausflugsziel im Westen der Metropole nicht versäumen: Oak Park. Der Villenvorort ist leicht mit der Green Line, einer der Hochbahnlinien, vom Stadtzentrum aus erreichbar und mühelos zu Fuß zu erkunden. Er lockt nicht allein mit einer reizvollen Innenstadt mit kleinen Läden und Cafés, sondern auch als Geburtsort von Ernest Hemingway und als Wohnort des Architekten Frank Lloyd Wright. Letzterer führte hier im Hausbau den Prairie Style ein, den ersten »ureigenen« amerikanischen Baustil.

Ausgewiesen als »F. L. Wright Prairie School of Architecture National Historic District« umfasst das Gesamtareal in Oak Park etwa 25 Gebäude vom Reißbrett des berühmten Architekten und seines Büros. An der Forest Avenue, dem Weg zu F. L. Wright Home and Studio, steht die größte Ansammlung seiner Bauten. Da in Privatbesitz, kann man diese, anders als sein Wohnhaus mit Studio sowie den Unity Temple, nicht besichtigen.

Im Wright Home and Studio lebte der Architekt von 1889 bis 1909. Hier entwarf er mehr als 150 Häuser für ganz unterschiedliche Auftraggeber. Wright hatte zu Beginn seiner Laufbahn, 1889, mit einem Kredit seines Arbeitgebers Sullivan das Grundstück in Oak Park gekauft. Der Bau von Wohnhaus und Studio zog sich 13 Jahre lang hin. Von 1889 bis 1909 lebte Wright mit seiner ersten Frau, Catherine Tobin, die ihm sechs Kinder gebar, hier. Als es dann zur Trennung kam, wurde das Gebäude in mehrere Apartments aufgeteilt und vermietet.1974, als das F. L. Wright Preservation Trust Research Center den Bau erwarb, befand es sich in schlechtem Zustand. Es sollte bis 1987 dauern, ehe das Haus restauriert war und wieder den Zustand von 1909 zeigte.

Seiner Zeit voraus

In Fachkreisen wird Frank Lloyd Wright (1867–1959) überschwänglich als genialer Architekt und Begründer des Prairie Style gefeiert. In der Tat war Wright um die vorletzte Jahrhundertwende seiner

Zeit meilenweit voraus, baute modern, als andere noch historische Architektur zitierten. Am 8. Juni 1867 als Sohn eines umherziehenden Baptistenpfarrers in Richland Center geboren, verließ er mit 18 Jahren sein Zuhause, jobbte bei einer Baufirma und belegte Zeichenkurse an der University of Wisconsin in Madison. 1887 kaufte er sich ein Zugticket und begann in Chicago als Handlanger in einem Architekturbüro. Ein Jahr später übernahm er eine Stelle im renommierten Büro von Louis Sullivan und Dankmar Adler – und damit nahm seine Karriere als Erneuerer der amerikanischen Architektur ihren Lauf.

Ein Rundgang durch Oak Park macht die Grundprinzipien des Prarie Style klar: lang gestreckte, klar gegliederte Baukörper, Fensterbänder und damit eine starke Horizontalbetonung, massive Sockel, große Mauerwerksflächen und weit überkragende Dächer, natürliche Materialien und Farben. Es ist eine organische Architektur, die in Form und Farbe eine perfekte Harmonie mit der umgebenden Landschaft eingeht. Sowohl Sullivan, aber auch das Bauhaus und Le Corbusier, japanische Architektur und der englische Landhausstil haben sie beeinflusst. Als Frank L. Wright am 9. 4. 1959 im Alter von 92 Jahren in Arizona starb, hatte er über 800 Bauten geplant und dazu in unzähligen Artikeln und Büchern seine Thesen zu organischer Baukunst, »demokratischer Architektur« und der sozialen Rolle des Städtebaus dargelegt.

Hemingways Kinderstube

Ein weiterer berühmter Bewohner des Städtchens war der Literatur-Nobelpreisträger Ernest Hemingway. Zu den Attraktionen in Oak Park gehört deshalb der Ernest Hemingway Birthplace und das angeschlossene Ernest Hemingway Museum. In dem viktorianischen Haus kam der Autor am 21. Juli 1899 auf die Welt und lebte bis 1905 hier, weitere zwölf Jahre dann in anderen Häusern in Oak Park.

Einige Schritte südlich des Geburtshauses befindet sich im lokalen Kulturzentrum ein Museum mit einer Ausstellung zum Leben und Werk des Schriftstellers, nach einzelnen Lebensabschnitten und Hauptwerken übersichtlich gestaltet.

»CORNERSTONE OF MODERN ARCHITECTURE«

25 Häuser plante Frank L. Wright in Oak Park, das Musterbeispiel des Prairie Style befindet sich jedoch im Süden Chicagos, am Rand des Campus der University of Chicago. Das Frederick C. Robie House bezeichnete Wright selbst als »Cornerstone of Modern Architecture«. Von 1889 bis 1909 geplant, kommt hier Wrights moderner Stil besonders gut zum Tragen: Basierend auf einer geometrischen Grundstruktur aus einzelnen Modulen, achtete man bei der Innenausstattung auf das kleinste Detail.

Frederick C. Robie House: 5757 S Woodlawn Avenue/58th Street (Hyde Park), Tel. (7 73) 8 34 18 47, www.gowright.org

WEITERE INFORMATIONEN ZU OAK PARK

Fremdenverkehrsbüro Chicago & Illinois, Wiechmann Tourism Service, Tel. (0 69) 25 53 82 80, Fax (0 69) 25 53 81 00.
Websites: www.gochicago.de, www.gowright.org

Milwaukee hat sich in den letzten Jahren zu einer attraktiven, sauberen und besucherfreundlichen Stadt gewandelt. Neues Wahrzeichen der alten Bier- und Backsteinstadt ist das renommierte Milwaukee Museum of Art (links unten/rechts oben) von Santiago Calatrava, dessen weißes Segeldach ins Auge fällt.

28 Motorräder, Museen, Milwaukee

Alte Hauptstadt der Deutschen und des Biers

Der Bundesstaat Wisconsin und ganz besonders seine größte Stadt, Milwaukee, sind für viele Amerikaner gleichbedeutend mit deutschen Spezialiäten wie »Brats« (Bratwurst), Käse und Bier. Allein diese drei Genüsse trugen wesentlich zur Beliebtheit des Staates bei und sind nicht zuletzt ein Verdienst der zahlreichen deutschen Zuwanderer.

Die alte deutsche Einwanderer- und Bier-Metropole Milwaukee machte in den letzten Jahren einen enormen Wandel durch. Die heute gemütliche und überschaubare, saubere und besucherfreundliche Stadt ist inzwischen ein verkleinertes Abbild von Chicago. Hier wie dort spielen Kultur, Museen und Veranstaltungen eine große Rolle, gibt es einen See mit reizvollem Grünstreifen sowie eine breite Palette an Restaurants und Shops. Die alten Industrieanlagen um die Innenstadt Milwaukees sind renoviert, und in Viertel wie den Historic Third Ward, wo jüngst der Milwaukee Public Market eröffnete, oder den Water Street District zogen Wohnungen, Läden und Restaurants ein. Plötzlich ist es wieder schick, im Zentrum zu leben.

Die Indianer nannten die Stelle, wo der Milwaukee River in den Lake Michigan mündet »Milliocki« – Versammlungsort am Wasser. Der Name trifft auch auf die moderne Stadt zu, denn Milwaukee lädt Besucher aus aller Welt zu zahlreichen kulturellen und ethnischen Festivals am Seeufer ein. Man versteht sich in Milwaukee aufs Feiern und verfügt sogar über einen Festival Park am Lake Michigan, im Süden der Innenstadt. Dort trifft man sich zu Events wie dem legendären »German Fest« Ende Juli.

Dank der deutschen Immigranten entwickelte sich Milwaukee zur Bierhauptstadt. Einst Sitz zahlreicher Brauereien, blieben von den Großen im Geschäft, wie Pabst, Schlitz oder Miller, nur noch letzteres Unternehmen übrig. Allerdings sorgen in jüngster Zeit kleinere (Haus-) Brauereien wie das Milwaukee Ale House oder die Sprecher Brewery für ein Revival der lokalen Braukunst. Auch sonst hat sich das deutsche Erbe in Restaurants wie »Mader's« oder »Trier« und der berühmten Wurstfabrik »Ursinger's« erhalten.

Von Museen und Segelschiffen

Milwaukee ist, sieht man von den wenigen modernen Hochhäusern ab, eine Backsteinstadt geblieben und kann ihren Charakter als ehemalige Arbeiterstadt

nicht verleugnen. Angesichts dessen sticht das gigantische weiße Segel an der Seepromenade umso deutlicher ins Auge. Bei genauerem Hinsehen entpuppt es sich als Teil des Milwaukee Museum of Art. Natürlich ist die Sammlung im Inneren selbst ein Juwel, doch das eigentlich Aufsehenerregende ist der 2001 eröffnete Museumsneubau vom Reißbrett des spanischen Architekten Santiago Calatrava. Über dem Dach der Glaslobby sorgt ein bewegliches Sonnensegel mit 66 Meter Spannweite für Schatten. Im ausgeklappten Zustand gleicht es einem sich im Wind blähenden Segel – und ist das neue Wahrzeichen der Stadt.

Auch ein echtes Segelschiff lässt sich an der Seepromenade bewundern: Der Schooner »S/V Denis Sullivan« ist Teil des neuen Naturwissenschaftsmuseums Discovery World at Pier Wisconsin. Altehrwürdig wirkt dagegen das Milwaukee Public Museum, das unter anderem mit lebensgroßen Diaramen auf anschauliche Weise in die Geschichte und Natur der Region einführt. Ungewöhnlich präsentiert sich das Villa Terrace Museum, eine italienische »Renaissance-Villa« über dem See mit einer großen Sammlung dekorativer Kunst.

Heimat der Harleys

Dass der typische röhrende Klang der Harley-Davidson-Motorräder erstmals 1903 in Milwaukee zu hören war, weiß kaum jemand. Doch die Stadt hat nicht nur Bier, Käse oder Brats hervorgebracht, sondern auch Feuerstühle. Im Vorort Wauwatosa befindet sich das Stammwerk von Harley-Davidson. In der Stadt selbst gibt es ein sehenswertes Museum der Firma (mit Shop und Lokal), in dem man mehr über die Geschichte der Harleys erfährt und zahlreiche Motorräder in Lebensgröße bestaunen kann.

NÄCHTIGEN MIT STIL

»The Pfister« gilt als legendärstes Hotel der Stadt. 1893 mitten in der Innenstadt eröffnet, genießt es seit jenen Tagen den Ruf der Extraklasse: Die Lobby gleicht der eines Palastes, die etwa 300 neu renovierten Zimmer sind geräumig und geschmackvoll nostalgisch ausgestattet, und der Service ist herausragend.

The Pfister: 424 E Wisconsin Avenue, Tel. (4 14) 2 73 82 22, www.thepfisterhotel.com

WEITERE INFORMATIONEN ZU MILWAUKEE

Travel Marketing Romberg: Tel. (0 21 04) 79 74 51, Fax (0 21 04) 91 26 73, www.travelmarketing.de

Websites: www.visitmilwaukee.org, www.mam.org (Art Museum), www.harley-davidson.com, www.millerbrewing.com, www.greatlakes.de

1926 wurde die Route 66 als erste durchgehende Verbindung zwischen Mittlerem Westen und Westküste eingeweiht. Der Mythos der Straße wird bis heute von Jung und Alt am Leben gehalten, obwohl nur noch Abschnitte der legendären Route – besonders gut in Illinois und Arizona – als »historic road« erhalten sind.

29 Get your kicks on Route 66

Auf der Mother Road durch Amerika

»If you ever plan to motor west, travel my way, take the highway that's the best: Get your kicks on Route 66!
It winds from Chicago to L. A. More than 2000 miles all the way.
Get your kicks on Route 66!
Now you go through St. Louis, Joplin/Missouri and Oklahoma City is mighty pretty. You'll see Amarillo, Gallup/New Mexico, Flagstaff/Arizona, don't forget Winona, Kingman, Barstow, San Bernardino.
Won't you get hip to this timely tip, when you make that California trip. Get your kicks on Route 66!«

Als Bobby Troup 1946 diese Hymne an die berühmteste aller Landstraßen komponierte, konnte er nicht ahnen, wie berühmt sein Song einmal werden sollte. Zahlreiche Interpreten trugen damit den Ruhm der Straße in alle Welt hinaus, allen voran die Rolling Stones. Gerade in Deutschland hat die Route 66 einen besonderen Klang, wird assoziiert mit Harley-Davidson-Motorrädern und Classic Cars, mit Freiheit und Weite. Wer hat schließlich nicht schon selbst einmal davon geträumt, auf dieser historischen Überlandverbindung dem Sonnenuntergang entgegenzufahren? In der Sonne glitzern die alten Straßenkreuzer wie neu: Hier ein himmelblauer Chevy Bel Aire, dort ein dezent bordeauxroter Cadillac Sedan de Ville, ein quietschoranger Plymouth Roadrunner, ein schnittiger gelber Ford Thunderbird, ein auf Hochglanz polierter schwarzer Studebaker, ein neongrüner Chevy Pickup oder diese unvergleichliche rosa Corvette ... Nicht nur die Herzen von Autoliebhabern schlagen Ende September in Springfield, Illinois Hauptstadt, höher. Wenn anlässlich des International Route 66 Mother Road Festival auch noch Rock 'n' Roll aus allen Lautsprechern dröhnt und die Innenstadt in eine einzige große Konzertbühne verwandelt, dann scheinen die 1950er- und 1960er-Jahre zurückgekehrt und die Route 66 zu neuem Leben erwacht.

Nur ein Stück Geschichte

Heute ist die Route 66 nur noch ein Stück Geschichte: 1926 hat man sie als erste durchgehende Verbindung zwischen dem Mittleren Westen (Chicago) und der Westküste (Los Angeles) einge-

ROUTE
66

Die Route 66 passiert immer noch einige Attraktionen aus der Blütezeit: zum Beispiel alte Diner, Motels oder Tankstellen wie Shea's Gas Station (oben Mitte) in Springfield/Illinois. Dennoch wird der Mythos der »Mother Road« vor allem von den Menschen entlang der Strecke genährt, die die Erinnerungen wachhalten.

weiht. Cyrus Avery aus Tulsa (Oklahoma) und John Woodruff aus Springfield (Missouri) hatten in den 1920ern von der Regierung in Washington D.C. den Auftrag erhalten, die etwa 4000 Kilometer lange Strecke zu planen. Nicht der kürzeste Weg war damals das Ziel, sondern das überregionale Straßensystem sollte möglichst viele Ortschaften miteinander verbinden.

So liegen die Wurzeln der Route beispielsweise in Illinois im historischen Pontiac Trail (SR 4). 1918 hat man ihn zur gut befahrbaren Verbindung zwischen Chicago und St. Louis erweitert und 1926 als erstes Teilstück der US Route 66 ausgebaut. Bis heute ist man in Illinois stolz darauf, als erster Staat seinen gesamten Streckenabschnitt der Route 66 gepflastert gehabt zu haben.

Die legendäre Mother Road

Legendär wurde die Route 66 bereits kurz nach der Eröffnung, denn nach der Weltwirtschaftskrise und den Dürreperioden zogen unzählige Menschen auf der Straße Richtung Kalifornien. Literatur-Nobelpreisträger John Steinbeck schilderte diese Trecks eindrucksvoll in seinem Meisterwerk »Früchte des Zorns«. Dort nannte er die Route 66 auch die »Hauptwanderstraße ... den langen Betonweg durch das Land ... die Straße eines Volkes auf der Flucht«. Und Steinbeck sprach erstmals von der »Mother Road«.

Fast 20 Jahre lang quälte sich der zunehmende Verkehr auf der zweispurigen Straße übers Land. Autos und Trucks frequentierten sie und Unfälle waren an der Tagesordnung. Nach dem Zweiten Weltkrieg hat man sie deshalb auf vier Fahrbahnen erweitert. Zusätzlich nahm man Begradigungen vor und baute Ortsumfahrungen – der erste Schritt in Richtung Interstate war getan.

Etwa 50 Jahre nach dem Bau der Route 66 lösten nach und nach neue Autobahnen die legendäre Strecke ab; in Illinois war es die teilweise parallel verlaufende I-55 zwischen Chicago und St. Louis. 1985 legte man hier die alte Route 66 offiziell still und auch andernorts wurde die Straßennummer aus den Landkarten gelöscht.

Obwohl die Route 66 von Chicago nach Los Angeles acht Bundesstaaten durchquerte, wurde ihre historische Bedeutung lange ignoriert. In Illinois stellte man beispielsweise erst in den frühen 1990ern Hinweisschilder auf – und versuchte, die Straße, wo noch vorhanden, unter Denkmalschutz zu stellen und als Touristen-Route auszubauen. Da sich in Illinois noch die meisten authentischen Stätten und Attraktionen befinden, ist America's Mother Road besonders an diesem ersten, 640 Kilometer langen Abschnitt zwischen Chicago und St. Louis interessant.

Unterwegs in die Vergangenheit

Bei näherem Hinsehen ist auf einigen Teilstrecken durchaus noch etwas vom alten Charme erhalten. Es geht durch verschlafene Ortschaften, vorbei an

alten Diners und Tankstellen, überdimensionierten Werbefiguren und Schildern, dabei immer den Horizont vor Augen. Zwischen Chicago und St. Louis reihen sich entlang der alten Route 66 noch fast 30 historische Attraktionen auf, und man fährt immer wieder über kurze Streckenabschnitte mit der originalen Straßenpflasterung. Die Route 66 folgt heute nominell zwar verschiedenen anderen Straßen, ist jedoch durch braune Schilder markiert und passiert immer noch einige Attraktionen aus der Blütezeit: zum Beispiel das »Polk-a-Dot Drive In« von 1956, die Odell Station von 1932, das »Roadhouse Riviera«, das »Cozy Dog Drive In« oder die zum Museum umfunktionierte »Shea's Gas Station«.

Von St. Louis geht es durch den Staat Missouri und auf 20 Kilometern durch Kansas. Es folgt dann ein etwa 640 Kilometer langer Abschnitt durch Oklahoma, ehe die Straße ein Stück Texas quert. New Mexico kann stolz darauf verweisen, dass der Streckenabschnitt durch seine endlosen Weiten mit fast 1000 Kilometern der längste ist. Während der Hauptweg in diesem Bundesstaat direkt nach Albuquerque führte, verlief eine Nebenroute durch das einst bedeutende Handelsstädtchen Santa Fe. Quer durch Nord-Arizona erreichte die Route 66 schließlich in der Mojave-Wüste das Ziel der Reise, Kalifornien. Von der Grenze bis Los Angeles waren jedoch noch immer über 500 Kilometer zurückzulegen.

Seit Jahren versucht man zumindest abschnittsweise die Mother Road wieder zum Leben zu erwecken. »Where the Road began« – in Illinois – ist das besonders gut gelungen, aber auch in anderen Bundesstaaten ist die Route 66 unvergessen. Dabei ist eine Fahrt nicht nur wegen der Sights, der alten Diners und Gas Stations ein Erlebnis. Den Mythos der Route 66 nähren ganz besonders die Menschen entlang der Strecke von Chicago bis Los Angeles, die die Erinnerung an die alten Zeiten wachhalten.

INTERNATIONAL ROUTE 66 MOTHER ROAD FESTIVAL

Seit 2001 findet an einem Wochenende Ende September das International Route 66 Mother Road Festival, das größte Fest an der alten Route 66, statt. Es treffen sich dort »Classic Car«-Besitzer und an die 100 000 Fans aus aller Welt in Springfield (Illinois), um ihre liebevoll gepflegten Straßenkreuzer von den 1950ern bis in die frühen 1980er bewundern zu lassen und in Erinnerungen zu schwelgen.

Informationen: www.route66fest.com

WEITERE INFORMATIONEN ZUR ROUTE 66

Route 66 Association of Illinois: 2743 Veterans Parkway, Suite 166, Springfield/IL 62704.

Website: www.il66assoc.org

Route 66 Hall of Fame and Museum: 110 W. Howard St., Pontiac/IL, Tel. (815) 8445657. Neues Museum mit »Ruhmeshalle« und Souvenirs zur Route 66.

In den 1920ern hatte die Regierung in Washington, D.C. einzelne Staaten beauftragt, die erste durchgehende Verbindung zwischen Chicago und Los Angeles, eine rund 4000 Kilometer lange Strecke, zu planen. Es sollten damit möglichst viele Ortschaften an das überregionale Straßensystem angebunden werden.

Abraham Lincoln (oben) stammt aus Illinois Hauptstadt Springfield. Noch heute kann man dort in seinen Fußstapfen wandeln: Im Old State Capitol (unten) ging er ein und aus, vor dem neuen Regierungsbau (rechte Seite, rechts) wurde er verewigt und im New Salem Historic Village (rechte Seite links) lässt sich sein Werdegang nachvollziehen.

30 In Springfield, der Heimat von »Good Old Abe«

Eine Stadt, die Geschichte schrieb

Eine Straße, die Route 66, und ein Präsident, Abraham Lincoln, haben Springfield berühmt gemacht und aus dem Kreis der sonst häufig langweilig-verschlafenen Bundeshauptstädte herausgehoben. Selbst wenn Illinois Capital im weltberühmten Comic »The Simpsons« von Matt Groening, der aus Springfield stammt, entsprechend provinziell dargestellt ist: Die Stadt hat viel zu bieten und gilt für Amerikaner als Pilgerstätte.

Abraham Lincoln (1809–1865), der 16. Präsident der USA, ist in Springfield omnipräsent. Als Schaufensterdekoration ist seine hagere Statur mit prägnantem Bart und Zylinder schon mal mit cooler Blues-Brothers-Brille aufgepeppt. Aber »Good Old Abe« gibt's auch auf T-Shirts und Aufklebern, auf der 1-Cent-Münze und dem 5-Dollar-Schein. Und seine Sprüche gelten als universell verwendbare Lebensweisheiten. Wie ein Popstar verehrt und vermarktet man Abraham Lincoln in Springfield, wo er zwischen 1837 und 1861 gelebt und gewirkt hat.

Für Amerikaner ist Abraham Lincoln der »Primus inter Pares«, der Erste unter den Präsidenten. Er ist der wichtigste und bedeutendste Mann in diesem Amt, und zugleich ein Musterbeispiel für die Verwirklichung des amerikanischen Traums. Lincoln hatte sich vom ungebildeten Bauernbuben zum angesehenen Anwalt und Politiker emporgearbeitet, geleitet von einem unbeirrbaren demokratisch-freiheitlichen Grundgedanken und in der festen Überzeugung von der Gleichheit aller Menschen. So setzte er den 13. Verfassungszusatz, die Abschaffung der Sklaverei, durch und war sich sicher, dass die Union nur als Ganzes überlebensfähig sei – selbst unter der Prämisse eines verheerenden Bruderkrieges.

Der allgegenwärtige Präsident

Unter dem Motto »Looking for Lincoln« geht es in Springfield auf Entdeckungsreise zu verschiedenen Attraktionen, die mit dem Präsidenten zu tun haben. In der Lincoln Home National Historic Site hat man im südlichen Teil der Innenstadt den Ort, wie er Mitte des 19. Jahrhunderts aussah, erhalten beziehungs-

weise nachgebaut. Unter anderem ist hier das Wohnhaus des Präsidenten, das er 1844 erwarb und im Laufe der Jahre stetig vergrößerte, zu sehen.

Zur Arbeit begab sich Lincoln lange Zeit ins Tinsely Building, wo sich die Lincoln-Herndon Law Offices befanden. Von der Kanzlei waren es nur wenige Schritte zum Old State Capitol. In diesem 1839 bis 1876 genutzten Verwaltungsbau ging Lincoln als Rechtsanwalt und Abgeordneter ein und aus. Am östlichen Innenstadtrand liegt ein unscheinbares Bahnhofsgebäude: Hier hielt Lincoln am 11. Februar 1861 seine legendär gewordene Abschiedsrede, ehe er sich auf den Weg nach Washington, ins Weiße Haus, machte. Im Lincoln Tomb, das mit hohem Obelisk den Friedhof im Norden der Stadt überragt, fanden Lincoln, seine Frau und ihre drei Söhne ihre letzte Ruhestätte.

Ein Museum des 21. Jahrhunderts

Das eigentliche Highlight stellt jedoch das Abraham Lincoln Presidential Library & Museum (ALPLM) dar. Der über 150 Millionen Dollar teure, 2005 eröffnete Komplex besteht aus Museum sowie Bibliotheks- und Archivbau. Er dominiert den Stadtkern von Springfield, hat aber weniger wegen der postmodernen Architektur als vielmehr der neuartigen Präsentation für Schlagzeilen gesorgt. Die einen sprachen aufgrund der lebensgroßen, beweglichen Figuren, der nachgestellten Szenen und vielerlei Medien von »Vergnügungspark« und »Disneyfizierung«. Andere lobten den Komplex als »erstes Museum des 21. Jahrhunderts«.

Das Museum arbeitet mit Emotionen, will Anstöße geben und glaubt, dass man im Medienzeitalter mit Vitrinen und Dokumenten niemanden mehr hinter dem Ofen vorlocken kann. So empfängt in der zentralen Rotunde des Museums Abraham Lincoln und seine Familie die Besucher vor der Kulisse des Weißen Hauses. In Filmen taucht man ebenso in das Leben des Präsidenten ein wie in lebensgroß nachgestellten Szenen. Zum Schluss steht man im nachgebauten Senatssaal des alten State Capitol von Springfield vor dem Sarg des ermordeten Präsidenten – und vielen Amerikanern treten hier noch heute die Tränen in die Augen.

ZEITREISE AUF DEN SPUREN LINCOLNS

Das New Salem Historic Village liegt nahe der Ortschaft Petersburg, etwa 30 Kilometer westlich von Springfield. Das Freiluftmuseum versetzt die Besucher in ein Dorf der 1830er-Jahre zurück, einer Zeit, in der der junge Lincoln im Westen Fuß fasste. Über 20 Bauten hat man liebevoll rekonstruiert. Mitarbeiter in historischen Kostümen lassen das Dorf in den warmen Monaten lebendig werden, demonstrieren Handwerkstechniken, fahren Kutschen oder arbeiten in Gemüsegärten.
Lesetipp: Das lesenswerteste Buch über Abraham Lincoln schrieb Pulitzerpreisträger Carl Sandburg: »Abraham Lincoln. The Prairie Years and the War Years«, 1954.

WEITERE INFORMATIONEN ZU SPRINGFIELD UND ABE LINCOLN

Fremdenverkehrsbüro Chicago & Illinois, Wiechmann Tourism Service: Tel. (0 69) 25 53 82 80, Fax (0 69) 25 53 81 00.
Websites: www.visit-springfieldillinois.com, www.alplm.org, www.lookingforlincoln.com

31 St. Louis – Tor zum Westen

Auf der Suche nach einer neuen Heimat

Der weithin sichtbare Gateway Arch, das Wahrzeichen von St. Louis (Missouri) direkt am Mississippi River, erinnert an die frühere Rolle der alten Hafenstadt als »Tor zum Westen«. Unzählige Siedler, Abenteurer und Glückssucher aus dem Osten oder Europa kamen mit Dampfschiffen oder per Eisenbahn an, um von hier den langen und beschwerlichen Weg ins »gelobte Land« im Westen anzutreten.

St. Louis galt einst als »Tor zum Westen«. Daran erinnern heute noch das Museum of Westward Expansion (oben), das sich mit der »Eroberung« des Westens beschäftigt und der historische Bahnhof, die Union Station (unten). Wahrzeichen der Stadt ist der Gateway Arch, oben mit dem State Court House, unten vom östlichen Mississippi-Ufer aus gesehen.

Im Jahr 1764 von französischen Siedlern aus Kanada gegründet und lange Zeit Teil des spanischen Kolonialreichs, entwickelte sich St. Louis schon im späten 18. Jahrhundert zum »Gateway to the West«. Hier trafen sich Händler und Trapper, die mit den Indianerstämmen am Oberlauf des Missouri Geschäfte machten oder bei ihnen lebten. Von St. Louis aus hat man dann die Handelsware, meist wertvolle Pelze, flussabwärts nach New Orleans verschifft.

1803 hatten die USA unter Präsident Thomas Jefferson dem französischen Kaiser Napoleon die Region westlich des Mississippi abgekauft. Doch auch im Zuge dieses »Louisiana Purchase« änderte sich für St. Louis nicht viel. Die Stadt baute ihre Rolle als Handelszentrum weiter aus, nur dass jetzt die US-Flagge an Stelle der französischen beziehungsweise spanischen über dem Rathaus flatterte. Heute erinnert in der modernen Innenstadt kaum mehr etwas an dieses ruhmvolle Kapitel.

Unter dem Gateway Arch

Der 192 Meter hohe, weit ausgreifende Stahlbogen gilt als Symbol für die Rolle von St. Louis als Zugangstor zum Westen. Der Gateway Arch entstand 1963 bis 1965 und geht auf einen Entwurf des finnischen Stararchitekten Eero Saarinen zurück. Mit einem Aufzug gelangt man zum höchsten Punkt des Bogens. Im Fundament befindet sich das sehenswerte Museum of Westward Expansion, das sich ausführlich mit der »Eroberung« des Westens beschäftigt. Im Zentrum des Foyers grüßt Thomas Jefferson. Von seiner Statue ausgehend wird die amerikanische Geschichte von 1800 bis 1900 in spiralförmiger Anordnung, den Jahresringen eines Baumes nachempfunden, erzählt.

In der modernen Innenstadt erinnert heute kaum mehr etwas an die Vergangenheit der Stadt: Den alten Hafen hat man durch einen modernen Industriehafen in den Außenbezirken ersetzt, und

der Mississippi ist zur breiten, schnurgeraden Wasserstraße ausgebaut. Ein Hauch von Geschichte weht noch im Bellefontaine Cemetery, dem ältesten Friedhof der Stadt, wo sich zwischen den Grabmälern alteingesessener Familien auch jenes von William Clark (1770–1838) befindet. Ein mächtiger Obelisk markiert die Ruhestätte des einstigen Offiziers, Forschers, Politikers und ersten US-Ministers für indianische Angelegenheiten.

Besuch in der größten Brauerei der Welt

Die Siedler und Abenteurer auf dem Weg nach Westen wären einem erfrischenden Bier sicher nicht abgeneigt gewesen, doch leider wurde Anheuser-Busch erst 1876 gegründet. Es war der deutsche Einwanderer Adolphus Busch, der damals erkannte, dass die große deutsche Gemeinde in der Stadt ihr »Nationalgetränk« schmerzlich vermisste. Um seinem Bier einen für Einwanderer einprägsamen Markennamen zu geben, kam Busch auf die Idee, es »Budweiser« zu nennen. Damit gaukelte er seinen Kunden vor, dass sein Bier jenem berühmten Gebräu aus der tschechischen Stadt ebenbürtig sei. Der Erfolg war umwerfend, und seither wächst die Brauerei im Süden der Stadt konstant; mittlerweile gilt sie als die größte der Welt.

Hinter den alten historischen Backsteingebäuden, die großteils unter Denkmalschutz stehen und von den bescheidenen Anfängen zeugen, verbirgt sich heute – wie man sich auf den kostenlosen Führungen überzeugen kann – eine hypermoderne Brauerei. Tradition wird dennoch groß geschrieben und mit Adolphus Busch III. hat heute die vierte Generation das Sagen. Es werden nicht nur die alten Bauten gepflegt, sondern auch die Kutschenpferde. Die Brauerei unterhält eine 150 Pferde umfassende Herde von Clydesdales. Diese berühmten Kaltblutpferde mit heller Mähne und Schweif holt man zu Umzügen und Werbezwecken aus den Stallungen, die es unter anderem in St. Louis gibt.

AUF DEM WEG INS »GELOBTE LAND«

Nach einer militärischen Forschungsexpedition unter Leitung der Offiziere Meriwether Lewis und William Clark im Auftrag von Präsident Jefferson in den Jahren 1804 bis 1806 begann die Erschließung und Besiedlung des Wilden Westens. Die »frontier«, jene Grenze, bis zu der hin Siedler sesshaft waren, verschob sich von St. Louis westwärts. Der große Zug nach Westen setzte Anfang des 19. Jahrhunderts ein: Wachsender Bevölkerungsdruck an der Ostküste sowie ein nicht abreißender Einwandererstrom aus Europa hatten die Besiedelung der fruchtbaren Gebiete des mittleren und pazifischen Westens gefördert. Die Aneignung von Indianerland erfolgte dabei in mehreren Stadien, zuerst kamen Forscher, Trapper und Händler, dann die Siedler.

WEITERE INFORMATIONEN ZU ST. LOUIS

Explore St. Louis, One Metropolitan Square, Suite 1100,
Tel. (3 14) 4 21 10 23.
Website: www.explorestlouis.org

Der Südwesten bestiсht vor allem durch faszinierende Landschaften und Nationalparks, wie dem Grand Canyon NP (oben), dem Yosemite NP (Mitte) oder dem Bryce Canyon NP (unten). Obwohl Kalifornien streng genommen eigenständig ist, wurde es in dieses Kapitel aufgenommen. Ein Wahrzeichen des Staats ist die Golden Gate Bridge in San Francisco.

Der Südwesten der USA

»Kaibab« –»umgekehrter Berg« – nannten die Paiute-Indianer den Grand Canyon. Schließlich schaut man von oben, vom North Rim, auf einer Ebene stehend, hinunter in eine tiefe Schlucht. Der Colorado River hat sich im Laufe der Zeit immer tiefer in die Hochebene hineingefressen.

32 Grand Canyon – unvergleichliches Naturerlebnis

Ein Stück Erdgeschichte

Steht man zum ersten Mal am Rande des Grand Canyon, ist man zunächst einmal sprachlos: Welch kleiner Wurm ist der Mensch doch angesichts solch grandioser Landschaft! Das Ungewöhnliche ist, dass man nicht zu einer monumentalen Berglandschaft aufblickt, sondern umgekehrt: Man schaut auf einer Ebene stehend hinunter in eine etwa 1600 Meter tiefe Schlucht.

Ist man schon kaum in der Lage, die Ausmaße des Canyons voll zu erfassen, fällt es noch schwerer, das hohe Alter dieser Schlucht – zwei Milliarden Jahre! – zu begreifen. Mehr als vier Millionen Besucher genießen Jahr für Jahr dieses Naturschauspiel, die meisten vom South Rim aus, in der Zeit zwischen Mai und Oktober. Dann ist ohne Reservierung weder ein Zimmer noch eine Tour zu Pferde hinab in die Schlucht zu bekommen. Die Verkehrssituation an der südlichen Zufahrt gleicht im Sommer manchmal jener in Großstädten während der Rushhour. Versuche, Besucher von der Nutzung von öffentlichen Verkehrsmitteln zu überzeugen, haben nur eingeschränkt Erfolg.

»Kaibab« – »mountain lying down« oder »umgekehrter Berg« – nannten die hier lebenden Paiute-Indianer den Grand Canyon. Am Grund des Canyons fanden sich Besiedelungsspuren, die in die Zeit um 1000 v. Chr. zurückreichen. Doch erst die Anasazi, jenes legendäre Indianervolk, das gegen Ende des 13. Jahrhunderts spurlos verschwand, hinterließ Ruinen wie das Tusayan-Pueblo. Von den später zugewanderten Indianern sind bis heute Hualapais und Havasupais, Paiutes und Navajos in der Region zu Hause.

Wegweisende Expedition

Es waren Spanier, die erstmals vom »Gran Cañon« sprachen. Francisco Vasquez de Coronado erreichte die Region 1540 auf der Suche nach den mythischen »Sieben Städten von Cibola«. Er selbst sah den Canyon nicht, schickte aber eine Gesandtschaft mit Garcia Lopez de Cardenas und Hopi-Scouts hin. Die Gold suchenden Spanier ließen sich durch dieses Naturdenkmal kaum beeindrucken – das Land war für

Die Ausmaße des Canyons voll zu erfassen, fällt schwer und für die Erkundung des Naturwunders sollte man sich genügend Zeit nehmen. Zahlreiche Aussichtspunkte – oben der Torroweap Point – lohnen ebenso wie die Vielfalt an Flora und Fauna (rechte Seite). Besonders grandios ist die Stimmung im Herbst (unten).

sie zunächst nur eine öde und lebensfeindliche Wildnis.

Es bedurfte eines ungewöhnlichen Mannes, um das Naturwunder ins angemessene Rampenlicht zu rücken. John Wesley Powell (1834–1902), ein naturbegeisterter Geologieprofessor, ließ sich trotz des Verlustes seines linken Arms im Bürgerkrieg nicht von naturkundlichen Expeditionen abhalten. Am 24. Mai 1869 startete er mit neun Gleichgesinnten das gewagte Unternehmen, den Green und Colorado River zu erforschen. Die Boote der Expedition folgten dem Green River von der gleichnamigen Ortschaft in Wyoming zum Zusammenfluss mit dem Colorado River im Südosten Utahs und weiter zum Grand Canyon. Nach drei Monaten kehrten Powell und fünf Begleiter – die übrigen hatten unterwegs aufgegeben – beim heutigen Lake Mead wieder in die Zivilisation zurück.

Ein Mann mit Visionen

Powell konnte anschließend die Washingtoner Smithsonian Institution dazu überreden, ihm eine weitere, diesmal offizielle Forschungsreise entlang dem Colorado zu finanzieren. 1871 machte er sich erneut auf den Weg, nun mit dem Ziel einer wissenschaftlichen Dokumentation und Kartierungen. Der Fotograf John A. Hillers sollte das Naturwunder bildlich dokumentierten.

1875 publizierte Powell seine Ergebnisse in einem faszinierenden Buch. Drei Jahre später schrieb er mit »A Report Upon Lands of the Arid Regions of the United States« ein weiteres wegweisendes Werk, dessen Wert jedoch erst in jüngerer Zeit erkannt wurde. Powell äußerte darin deutliche Bedenken gegen eine landwirtschaftliche Nutzung großer Teile des Westens, mit der Begründung, dass die Wüstenlandschaften auf Dauer zu trocken für den Landbau seien. Damals wollte niemand auf ihn hören, heute nimmt man seine geologischen und klimatischen Erkenntnisse hingegen ernst, da sich seine Einschätzung der extremen Bedingungen im Westen bewahrheitet haben.

Unbeschreibliche Dimensionen

Wie ein aufgeschlagenes Buch der Erdgeschichte wirkt die klar erkennbare Schichtenfolge in der Canyonwand, die rund 1600 Meter tief bis zum Colorado River hinabreicht. Der Fluss hat sich im Laufe der Zeit immer tiefer in die Hochebene hineingefressen. Die oberen Schichten aus Kaibab- und Toroweap-Kalkstein entstanden zum Beispiel beim Austrocknen urzeitlicher Meere, während die unteren Sandsteinschichten auf eine noch ältere Wüste zurückgehen, die vor Jahrmillionen mehr als 50 000 Quadratkilometer des Südwestens bedeckte.

Powell und seine Männer erlebten auf ihren Booten noch einen ungezähmten Colorado River, heute ist der Fluss hingegen durch zwei große Stauseen gebändigt: Flussaufwärts, bei Page (Arizona), liegt der durch den Glen Canyon Dam aufgestaute Lake Powell, und flussabwärts entstand mit dem Hoover Dam

südlich von Las Vegas (Nevada) der Lake Mead. Elfmal soll während der letzten Jahrmillionen beim heutigen Tuweep flüssige Lava den Colorado aufgestaut haben. Der höchste dieser Lava-Dämme maß 165 Meter und staute das Wasser auf fast 300 Kilometer zurück. »Welch ein Kampf zwischen Wasser und Feuer muss sich hier abgespielt haben!«, schrieb Powell. »Man stelle sich eine Flut von flüssigem Gestein vor, die sich in einen Fluss aus Schmelzwasser ergießt. Welch Schäumen und Brodeln, welche gewaltigen Wolken, die da zum Himmel steigen!«

Dem Besucheransturm entgehen

Die meisten Besucher nähern sich dem Grand Canyon, der heute als Nationalpark weiträumig unter Schutz steht, vom südlichen Flagstaff aus. Wählt man diesen Weg über das Coconino Plateau mit seinen Goldkiefern-Wäldern, flankiert von den San Francisco Mountains, gibt es kaum Hinweise auf das bevorstehende Ereignis – und wie aus dem Nichts taucht plötzlich vor einem der Abgrund auf. Einen ersten intensiven Eindruck erhält man vom viel frequentierten Mather Point am South Rim. Westlich davon liegt das Grand Canyon Village, das seit 1901 mit dem Bau einer Eisenbahnlinie als touristisches Zentrum dient. Im Dorf befinden sich die Park Headquarters und ein Visitor Center sowie Unterkünfte. Shuttle-Busse und Wandertrails verbinden die einzelnen Aussichtspunkte zwischen Hermits Rest und Desert View miteinander.

Sehenswert am South Rim ist auch die Tusayan Ruin, die Reste einer alten Indianersiedlung. Zu den Höhepunkten eines Besuchs gehört jedoch auf jeden Fall der Bright Angel Trail hinunter in den Canyon.

Mit jedem Schritt hinab wächst die Stille und Grandiosität der Landschaft. Die Tageswanderung führt zu den Indian Gardens, einer grünen Oase 945 Meter unterhalb des Canyonrands (Camping) – doch mancher Besucher steigt weiter zum Colorado River hinab (Campingplatz). Obwohl am nächsten Tag der anstrengende Aufstieg bevorsteht, ist diese Exkursion ein unvergessliches Erlebnis!

NÄCHTIGEN AM RAND DES ABGRUNDS

Das Naturwunder Grand Canyon sollte man nicht im Schnelldurchlauf absolvieren. Je nach Interessen und Wandereifer sind mindestens zwei Übernachtungen einzuplanen. Dafür ist, speziell im Sommer, die Reservierung im Voraus nötig; selbst in der Nebensaison sind die insgesamt über 1000 Zimmer im Village schnell ausgebucht. Mehrere Lodges stehen vor allem am South Rim zur Auswahl, wie etwa die »Bright Angel Lodge«, das »El Tovar Hotel« und die »Thunderbird Lodge« oder, etwas weiter entfernt, die »Maswik Lodge«. Alle sind zu buchen über: Amfac Parks & Resorts, Tel. (3 03) 2 97 27 57, Fax (3 03) 2 97 31 75, www.xanterra.com, www.grandcanyonlodges.com

WEITERE INFORMATIONEN ZUM GRAND CANYON

Arizona Office of Tourism, Kaus Media Services: Tel. (05 11) 899 890 0, Fax (05 11) 899 890 69.
Websites: www.nps.gov/grca, www.arizonaguide.com

Geologisch gesehen ist der Grand Canyon spannender als jedes erdgeschichtliche Buch. Die Canyonwand reicht rund 1600 Meter tief bis zum Colorado River hinab. Die oberen Kalksteinschichten entstanden beim Austrocknen urzeitlicher Meere, während die unteren Sandsteinschichten auf eine noch ältere Wüste zurückgehen.

Grandiose Landschaften und die Welt der Indianer sind die Hauptattraktionen im »Indian Country«. Links: Kontrast verschiedener Welten in Taos und Santa Fé, rechte Seite: Naturschönheiten: Grand Staircase Escalante NM (oben), Monument Valley (links unten) und Lower Antelope Canyon (rechts unten).

33 Im Indian Country, dem Land der Felsen, Schluchten und Legenden

Grandiose Welt der Indianer

»Dieses Land und seine Menschen sind voller Geschichten, trauriger, spannender, aber auch lustiger« – Tony Hillerman, weltberühmter Krimiautor aus Albuquerque, New Mexico, verstand es wie kein anderer, die Legenden und Landschaft des Südwestens der USA aufleben zu lassen. Erzählt er über die rituellen Heilungszeremonien der Navajo-Indianer, lauschen seine Zuhörer bei Lesungen ebenso gebannt, wie wenn er über groteske Raubüberfälle im Wilden Westen parliert oder das Aufziehen eines Gewitters über der Mesa schildert.

Grandiose Landschaften und die Welt der Indianer sind die Hauptattraktionen im »Indian Country« – ein Land, das man auf keiner Landkarte findet. Gemeint ist jenes Areal, in dem die vier Bundesstaaten Arizona, Utah, Colorado und New Mexico aufeinandertreffen. Es ist das Land der Canyons und der Mesas, jene beeindruckende, schroffe Landschaft, die jeder aus Wildwestfilmen kennt. Berühmt wurde sie vor allem durch die unvergessenen Filme von John Ford mit John Wayne als Helden.

Die Wüstenregion auf dem Colorado Plateau im Süden Utahs und Colorados sowie im Norden Arizonas und New Mexicos ist mit Worten kaum zu beschreiben: glatt polierte Felsen, grünlich-graue Macchia, sattgrüne Kiefern- und Wacholder-Wälder, bizarr geformte Monolithe, Felsbögen, Hoodoos, tiefe Schluchten, Mesas und karstige Bergketten. Das Monument Valley und der Grand Canyon sind nur die bekanntesten Teile dieses Naturschauspiels – es gibt hier die größte Ansammlung an Nationalparks: Arches, Bryce Canyon, Canyonlands, Capitol Reef, Grand Canyon und Zion National Park, außerdem das Canyon de Chelly National Monument, der Chaco Canyon National Historical Park und der Monument Valley Navajo Tribal Park.

Geschichtsträchtiges Land

Viele Menschen lebten und leben in diesem Teil des Südwestens nicht. Die wenigen Ortschaften liegen oft meilenweit voneinander entfernt und sind

Die Pueblo-Indianer sind bekannt für ihre Töpferkunst. Berühmt wurde beispielsweise die Martinez-Familie, hier Ray, mit eleganten schwarz-glasierten Gefäßen. Die Spanier nannten die Ureinwohner nach ihren eng zusammengebauten Lehmhäusern »Pueblos« und diese pflegen noch heute ihre Kultur.

nicht wirklich attraktiv. Den höchsten Bevölkerungsanteil stellen bis heute die Indianer – und rechtfertigen dadurch den Namen »Indian Country«. Zu den weißen Siedlern, die hier eine neue Heimat fanden, gehören die Mormonen. Ihre Vorfahren hatten in Utah Salt Lake City gegründet und extreme Bedingungen in Kauf genommen, um das Land urbar zu machen. Stets gab es hier im Canyonland auch Banditen, Viehdiebe und andere zwielichtige Gestalten, denn das unvorstellbare Labyrinth an Schluchten und Felsen bot ihnen ein ideales Versteck.

»Manchmal lasse ich mich einfach nur treiben, streune auf dem Colorado Plateau herum, fühle die Landschaft und nehme ihre Gerüche auf«, erzählte Krimiautor Hillerman, »und plötzlich ist da eine Felshöhle: Könnte da nicht jemand vor einem Regenguss Unterschlupf suchen und plötzlich etwas Aufregendes finden?« Das Indian Country ist voller Geschichten und Legenden – man muss nur zuhören. Es beginnt mit den Siedlungsspuren der Anasazi, die bis ins 13./14. Jahrhundert hier lebten und dann spurlos verschwanden. Schon lange beschäftigen sich Forscher mit den Ursachen ihres Verschwindens: Gab es kriegerische Auseinandersetzungen, eine Dürrekatastrophe oder gar einen Klimawandel? Keiner weiß es genau.

Navajoland – »Nation in der Nation«

»Ya' at' 'eeh« – »Willkommen im Navajoland!« Über 200 000 Navajo-Indianer leben noch heute in Teilen ihrer angestammten Heimat und sehen sich als größte und wichtigste Gruppe der nordamerikanischen Indianer, als »Nation in der Nation«. Das heutige Reservatsgebiet erstreckt sich auf knapp 70 000 Quadratkilometern in der Four-Corners-Region von New Mexico, Arizona, Utah und Colorado und bildet den Kern des Indian Country.

Die Navajo stellen zwar die größte Indianergruppe, doch in dieser Ecke des Südwestens leben viele unterschiedliche indianische Völker, beispielsweise die Hopi auf den schwer zugänglichen Tafelbergen (Mesas) inmitten des Navajolands. In New Mexico sind dagegen in jahrhundertealten Dörfern noch zahlreiche Pueblo-Indianer zu Hause und im nördlichen Teil des Indian Country leben sowohl Ute und Paiute als auch eine Gruppe der legendären Apache, die Jicarilla.

In »Diné Bikéyah«, wie die »Diné« oder Navajo-Indianer ihr Land nennen, achtet man auf Tradition und Kultur. Kennzeichnend ist der respektvolle Umgang mit der Natur und der besondere Stolz auf das Kulturerbe, wie man ihn während Powwows oder anderen Veranstaltungen demonstriert. Mit den Ölfunden in den 1920ern begann eine gefährliche Gratwanderung zwischen moderner Ökonomie und der Ausbeutung der natürlichen Ressourcen einerseits sowie der dem indianischen Wesen innewohnenden traditionellen Naturverbundenheit andererseits. Zwischen diesen beiden Welten versuchen die Indianer ihren Weg zu gehen.

Beharrlicher Widerstand

In eine fremde Welt taucht der Besucher besonders im Nordwesten von New Mexico, zwischen Albuquerque, Sante Fé und Taos, ein. Hier befinden sich noch 19 alte Siedlungen der Pueblo-Indianer. Die Spanier nannten diese Ureinwohner nach ihren Behausungen, meist quadratischen, eng zusammengebauten Lehmhäusern, »Pueblos«. Obwohl sie lange vor den Spaniern das Land besiedelt und urbar gemacht hatten, ist das hispanische Element in der Region unverkennbar: Plazas, katholische Kirchen, mexikanische Küche, Adobebaustil und andere Elemente erinnern noch heute an Spanier und Mexikaner. Hinter dieser Fassade haben die Pueblo-Indianer jedoch ihre Tradition und Kultur beharrlich gegen die weißen Eindringlinge behauptet.

Sie sehen sich als Nachkommen der legendären Anasazi und gliedern sich in vier Sprachgruppen: Zuni, Keres, Tano (dazu gehören Tiwa, Tewa und Towa) und Hopi. Die einzelnen Dialekte unterscheiden sich so stark, dass sich die Gruppenmitglieder kaum verständigen können, und das, obwohl der Siedlungsraum relativ eng begrenzt war. Trotz dieser sprachlichen Unterschiede und der Eigenständigkeit der Dörfer herrscht sozial und kulturell eine große Ähnlichkeit, die sich in Kunst, Architektur, religiösen Vorstellungen und Bräuchen, sozialen Einrichtungen sowie in der Weltanschauung äußert. Die Pueblo-Indianer betrachten sich als Verwandte, als eine große Familie. Der Sinn für Bodenständigkeit, die tiefe Verwurzelung in den Traditionen und der Gemeinschaft sowie die Verbundenheit mit der Schöpfung, kennzeichnet sie bis heute. Längst haben sich die Fertigkeiten der Pueblo-Indianer in der Töpferkunst herumgesprochen. Meist sitzen die Frauen – am berühmtesten wurde Maria Martinez – an den Töpferscheiben, während die Männer für Glasur und Verzierung zuständig sind. Ihre formal schlichte entweder schillernd schwarz-glasierte oder erdfarben bis rostrote und sparsam bemalte Keramik ist auf dem internationalen Kunstmarkt begehrt und steht mittlerweile in vielen Museen in ganz Amerika.

GESCHICHTENERZÄHLER UND »EHREN-NAVAJO«

Anthony Grove Hillerman, (geboren 1925 in Oklahoma, 2008 in New Mexico verstorben), Geschichtenerzähler, Sachbuch- und Krimi-Bestsellerautor, gab in seinen Büchern Einblick in das Wesen und die Welt des Westens und der Indianer, in deren Traditionen und Vorstellungen. Er schilderte aber auch ihren geistigen Überlebenskampf gegen die moderne Welt. Seine beiden Krimihelden, die Navajopolizisten Joe Leaphorn und Jim Chee, lösten seit 1970 ihre Fälle im Navajoland. Die 18 Krimis von Tony Hillerman – der Ehrenmitglied des Navajo-Stammes war – liegen großteils im Rowohlt Verlag in deutscher Übersetzung vor (www.tonyhillerman books.com).

WEITERE INFORMATIONEN ZUM INDIAN COUNTRY

Websites: www.discovernavajo.com, www.indiancountrynm.org, www.indianpueblo.org

Die endlose Weite des Südwestens faszinierte seit jeher viele. Tony Hillerman, weltberühmter Krimi-Autor aus Albuquerque, New Mexico, verstand es jedoch wie kein anderer, die Legenden und Landschaften des Südwestens der USA in Worte zu fassen und lebendig zu machen.

In den späten 1980ern entstanden in Las Vegas die ersten Casino-Hotels. Seither sind dem Luxus und der Kuriosität keine Grenzen mehr gesetzt. Oben: das Luxor. Mitte: MGM Grand. Rechte Seite: Vom Strip aus – der glamourösen Hauptachse breitet sich das Lichtermeer weit in die Wüste aus (oben). Vulkangetöse vor dem MIrage-Hotel mit Caesar's Palace (unten).

34 Fata Morgana in der Wüste: Las Vegas

Spieleparadies im Märchenland

Von Venedig in den Orient, vom Römischen Reich hinein in den Zirkus, von Monte Carlo nach Paris, von New York nach Hollywood, vom Hofbräuhaus in den Sapphire Gentlemen's Club – eine Reise durch Zeiten und Welten ist in Las Vegas an einem einzigen Abend möglich.

Ringsum karge Wüste und unerbittlich herabbrennende Sonne – und dann plötzlich Palmen, Wiesen, kleine Seen, plätschernde Brunnen, angenehme Kühle. Ist das da nicht der Eiffelturm, dort eine venezianische Gondel und drüben die Skyline Manhattans? Nein, es handelt sich um keine Fata Morgana, sondern um Las Vegas, eine scheinbar vom Mond gefallene Glitzerstadt mitten in der Wüstenlandschaft Nevadas. Ob man diese Kunstwelt mit ihren Hollywood-Kulissen, Shows und Achterbahnen, Spielhöllen und Megahotels mag oder nicht – eines ist sicher: Man muss sie gesehen haben!

Alles begann auf der grünen Wiese

1829 gründete der mexikanische Händler Antonio Armijo an einer Wasserstelle auf dem Old Spanish Trail zwischen Santa Fe und Kalifornien eine Handelsstation. Er nannte den Ort »Las Vegas«, »die Wiesen«. Bis 1855 entwickelte sich daraus ein kleiner US-Militärposten, und vier Jahre später fand man in der Region erstmals Gold und Silber. 1861 wurde das »Territory of Nevada« gegründet und schon drei Jahre später als 36. Staat in die Union aufgenommen – während des Bürgerkriegs konnten die Nordstaaten schließlich die Einnahmen aus den Minen dringend gebrauchen. 1931, als der Bundesstaat finanziell wieder einmal knapp bei Kasse war, kamen Politiker auf die Idee, das im Westen schon immer beliebte Glücksspiel zu legalisieren und damit die Staatskasse aufzubessern. Sie besiegelten damit den kometenhaften Aufstieg der Stadt.

1941 eröffneten bereits die ersten Casinos, doch so richtig los ging es in den 1950ern, als man das »Sahara«, »Riviera«, »Tropicana« und »Stardust« erbaut hat. Letzteres war das erste Casino-Hotel, das auch eine Show anbot. In den 1960er-Jahren gaben die »Slot Machines«, die einarmigen Banditen, ihr Debüt. Im nächsten Jahrzehnt folgten neue Videospielautomaten und mehr

Rio

Mitten in der kargen Wüste wurde eine Kunstwelt errichtet, die erst bei Nacht ihr wahres Gesicht zeigt: Hollywood-Kulissen, Shows und Achterbahnen, Spielhöllen und Megahotels. Las Vegas gleicht einer vom Mond gefallenen Glitzerstadt und zieht ein bunt gemischtes Volk an.

und mehr ersetzte die Kreditkarte das Bargeld. Markstein in dieser Entwicklung war 1966 die Eröffnung von »Caesar's Palace«, wenig später folgte »Circus Circus« und danach überschlugen sich die Dinge.

»Einarmige Banditen« haben ausgedient

Die Casino-Hotels gestalteten sich seitdem immer monströser und ausgefallener, immer luxuriöser und kurioser. Das »Mirage« machte 1989 den Anfang, und in den 1990ern ging es dann Schlag auf Schlag: 1996 entstand der höchste frei stehende Aussichtsturm westlich des Mississippi, der Stratosphere Tower. Es folgten »MGM« und zahlreiche Hotels mit Städtethemen, dann elegante Luxusherbergen – und ein Ende des Booms ist nicht abzusehen. Entertainment rückte in den letzten Jahren verstärkt in den Vordergrund, denn Spielhallen allein genügen Besuchern längst nicht mehr, obwohl sich auch in diesem Bereich technisch viel getan hat. Zuletzt widmete man sich verstärkt der Zielgruppe »Familie«: Vergnügungsparks, Achterbahnen und Shopping-Promenaden entstanden. Shows lockten seit je Besucher an, derzeit sind es zum Beispiel Celine Dion in »Caesar's Palace«, der »Cirque du Soleil« oder das »Phantom der Oper« im »Venetian«. Dazu kamen Gourmetrestaurants und spektakuläre Nightclubs wie »PURE« (»Caesar's Palace«), »Tao« (»Venetian«) oder »Tangerine« (»Treasure Island«) sowie der spektakuläre neue Hotel- und Wohn-Komplex des CityCenter.

Für jeden Geschmack etwas

Downtown Las Vegas und die neonbeleuchtete Fremont Street wirken heute mit Straßenkünstlern und Souvenirshops, Restaurants und Casino-Hotels – wie »Golden Nugget«, »Fitzgeralds«, »Fremont« oder »Lady Luck« – gegenüber dem glamourösen »Strip« fast schon schäbig. Die wahren Sensationen konzentrieren sich an dieser Hauptachse vom »Stratosphere Tower« im Norden bis »Mandalay Bay« im Süden.

Dort zählen zur »alten« Riege das »Caesar's Palace«, wo sich die Besucher in die Zeit des alten Rom zurückversetzt finden. »The Mirage« ist einem tropisch-polynesischen Paradies nachempfunden und durch die Siegfried & Roy-Show berühmt geworden. Ebenfalls tropische Kunstwelt gibt es im »Tropicana Resort & Casino«, während das »Circus Circus« in Form eines Zirkuszeltes mit Akrobatik-Shows und dem Vergnügungspark »AdventureDome« lockt. »Excalibur« ist eine Mischung aus Märchenschloss und mittelalterlicher Burg mit Ritterrüstungen, Burgfräulein und Ritterspielen. Hollywood par excellence bietet hingegen das »MGM Grand Hotel«, mit über 5000 Zimmern zugleich das größte Hotel in Vegas. Das seit 1993 existierenden »Treasure Island« inszeniert Seeschlachten, daneben laufen Shows des kanadischen »Cirque du Soleil«.

Viele der in den 1990ern entstandenen Hotels sind Nachbildungen von Städten oder Regionen: Das »Luxor Las Vegas« ist die originalgroße Kopie von Tutenchamons Grabpyramide in Ägypten und

zudem eines der 50 Top-Resorts der Welt. Um exotisch zu bleiben: »Mandalay Bay Resort & Casino« ist benannt nach einer burmesischen Stadt. Das edle »Bellagio« bildet ein Dörfchen am Comer See in Norditalien nach, mit Promenade, Strand und spektakulären Wasserspielen. »New York, New York« zeigt dagegen die Skyline der Stadt mit etwa ein Drittel großen Nachbildungen von Sights wie dem Empire State Building und der Statue of Liberty. Arc de Triomphe, Hôtel de Ville, Paris Opera House und Louvre sind im »Paris Las Vegas« nachgebaut, und maßstabsgetreue Kopien der Fassade des Dogenpalastes, des Campanile, der Rialtobrücke liefert »The Venetian«. Die Shops reihen sich um den Markusplatz und auf dem Canal Grande singen die Gondolieri.

Neue Trends

Derzeit geht der Trend weg von spektakulären »Außeninszenierungen«. »Planet Hollywood« (früher »Aladin«) und »Hooters« (»San Remo«) belegen dies. Dass »chic, fancy und elegant« angesagt sind, zeigen Neueröffnungen wie das »Red Rock Casino, Resort and Spa« mit mehreren Bars, Nightclubs, Spa und Pool sowie das »Wynn Hotel«, das angeblich teuerste (und derzeit höchste) Hotel der Welt, das »grenzenlosen Luxus« und dezente Eleganz bietet. 18 Restaurants und Bars, 26 Geschäfte, eine Kunstgalerie sowie ein 18-Loch-Golfplatz und ein großer Wasserfall, der in einen künstlichen See mündet, gehören dazu.

Dieses »intime Boutiquehotel« wäre doch das Richtige, um den Bund der Ehe zu schließen! Nach der Trauung in einer der beiden Hochzeitskapellen im Hause könnte man hier gediegen nächtigen und relaxen. Dem Ruf als »Marriage Capital of the World« wird Las Vegas mit gut 40 Wedding Chapels und über 200 ausgestellten Hochzeitsurkunden pro Tag immer noch gerecht. 60 Dollar in bar für eine Marriage License (www.702wedding.com/las-vegas-marriage-license.asp), ein Reisepass und ein Trauzeuge genügen!

RUMKOMMEN AM STRIP

Während des Aufenthalts in der Stadt sollte man das Auto stehen lassen. Neben öffentlichen Bussen verkehren Trams gratis von »Mandalay Bay« zum »Excalibur« (Stopp nur im »Luxor«) sowie zwischen dem »Bellagio« und »Monte Carlo« (ohne Stopps). Die hochmoderne Monorail bedient eine vier Meilen lange Strecke entlang dem Strip mit sieben Stationen, vom »MGM Grand« über »Bally's«/»Paris Las Vegas«, »Flamingo/Caesar's Palace«, »Harrah's/Imperial Palace«, »Las Vegas Convention Center«, »Las Vegas Hilton« zum »Sahara«. Auch das CityCenter wird durch eine eigene kurze Monoraillinie erschlossen.

WEITERE INFORMATIONEN ZU LAS VEGAS

Las Vegas Convention & Visitors Authority, c/o Aviareps Tourism GmbH, Tel. (0 89) 23 66 21 0, Fax (0 89) 23 66 21 99, www.mangum.de

Websites: www.vegasfreedom.com, www.vegas.com, www.visitlasvegas.com

TAO
Harrah's

»The Venetian« versetzt Besucher in die Lagunenstadt Venedig. Die Fassade des Dogenpalasts, der Campanile, die Rialtobrücke, der Markusplatz – gerahmt von Shops – und nicht zuletzt der Canale Grande, auf dem originalgetreu Gondolieri Lieder singen – gehören dazu.

Glitz und Glimmer, Showbiz und American Dream, Oscars und Filmstudios. Auf Hollywood und Sunset Boulevard ist dank Verschönerungsmaßnahmen, Neubauten und Renovierungen der Glanz von »Tinseltown« inzwischen wiederhergestellt und das Motto heißt »Sehen und Gesehenwerden«.

35 Glitzer und Glimmer in Hollywood

Auf dem Walk of Fame

Hollywood ist das Synonym für Glitzer und Glimmer, Showbiz und American Dream, Oscars und Filmstudios, Walk of Fame und Man's Chinese Theater. Vom alten Glanz von »Tinseltown«, der »Lamettastadt«, wo Peep Shows einen Boom initiierten, der 1910 in der Gründung von ersten Studios gipfelte, ist heute nur noch wenig geblieben.

Die Filmindustrie verteilt sich heute auf den gesamten Großraum von Los Angeles (Kalifornien). Und die 1964 eröffneten Universal Studios, die weltweit größten Film- und TV-Studios, sind inzwischen zu einem ganzen Filmdorf, einer »Stadt in der Stadt« angewachsen: Universal City. Auch die Stars sind mittlerweile umgezogen, in die Westside, nach Beverly Hills – mit dem legendären Rodeo Drive, der exklusivsten und bestbewachten Einkaufsmeile der Welt – nach Bel Air oder Malibu.

Eine große Leuchtschrift hoch über der Metropole, im Griffith Park, kündigt es großspurig an: H-O-L-L-Y-W-O-O-D. Ungeachtet aller Entwicklungen hat dieser Name kaum an Anziehungskraft verloren. 1923 hatte eine Immobilienfirma mit einem Werbegag versucht, Siedler anzulocken: Ein weithin sichtbares, aus 16,50 Meter hohen Leuchtbuchstaben bestehender Schriftzug auf einem 460 Meter hohen Hügel über dem Beachwood Canyon sollte auf den Ort Hollywood und die zur Verfügung stehenden Grundstücke aufmerksam machen.

War noch vor Jahren ein Bummel auf dem Hollywood Boulevard eine einzige Enttäuschung, haben Verschönerungsmaßnahmen, Neubauten und Renovierungen dem Zentrum Hollywood sein sehenswertes Facelift verpasst. Alte Kinos wie das El Capitan Theatre (Disney) – 1941 Premierenbühne von »Citizen Kane« –, das Pantages oder das Egyptian Theatre hat man auf Hochglanz poliert. Und der neuer Shopping- und Unterhaltungskomplex »Hollywood & Highland«, in dessen Kodak Theatre seit 2002 die Oscar-Verleihung stattfindet, lädt zum Bummel ein. Kinos, Restaurants und Übertragungsstudios, Läden und ein Hotel gehören zu diesem Komplex, dessen Erbauung 567 Millionen Dollar verschlungen hat.

Stars auf dem Asphalt

Hauptanziehungspunkt Hollywoods ist der Hollywood Boulevard mit seinem legendären Walk of Fame. 1961 ins Leben gerufen, haben sich seither auf zweieinhalb Kilometern über 2200 Stars auf den Terrazzoplatten in Gestalt eines messingumrahmten Marmorsterns mit Unterschrift verewigt. Von der La Brea Avenue, wo eine Statue von Marilyn Monroe den Anfang markiert, reicht die illustre Serie bis zur Vine Street. Die meist bewunderten Sterne auf dem Asphalt sind neben dem von Marilyn jene von James Dean, John Lennon und Elvis Presley. Mehrmals im Jahr kommen neue Ehrungen hinzu, dabei muss der Star allerdings die Platte selbst bezahlen – ewiger Ruhm hat seinen Preis!

Einer Pilgerstätte gleich umlagern Besucher den Platz vor dem Grauman's Chinese Theatre, ein kurios anmutender bunter Bau mit Pagodendach und asiatischen Details: Hier haben sich zahlreiche Hollywood-Stars seit 1927 mit Fuß- und Handabdrücken verewigt. Fast jeder fühlt sich hier versucht, seine Schuh- oder Handgröße mit der seines Lieblingsstars zu vergleichen und sich so zumindest kurzzeitig seinem Idol ganz nah zu fühlen.

Kurioses und Historisches

Ein Muss für Filmfans ist das Hollywood Entertainment Museum neben dem Graumann's Chinese Theatre. Dort erhält man einen Überblick über die Geschichte von Film und Fernsehen, zur Entstehung der Filmstadt und zur Filmindustrie. Gegenüber, im legendären »Hollywood Roosevelt Hotel« mit kleiner historischer Ausstellung im Mezzanin, verlieh man 1929 die ersten »Academy Awards«, die legendären Oscars.

Zwischen kitschigen Souvenirläden und Imbiss-Lokalen behaupten sich am Hollywood Boulevard neben den historischen Kinos noch kuriose Museen wie das Guinness World of Records Museum, das Hollywood Wax Museum oder Ripley's Believe It Or Not. Neben Ripley's eröffnete im historischen Max Factor Building (1935) inzwischen das Hollywood History Museum mit interessanten Informationen zur Unterhaltungsindustrie und zur Stadtgeschichte.

TIPPS FÜR BESUCHER

Der »Hollywood CityPass« (www.citypass.com) gilt für vier Attraktionen und Museen: Hollywood Wax Museum, Starline Tours of Hollywood, Red Line Tours, Kodak Theatre Tour oder Hollywood Museum im Historic Max Factor Building. Er kostet 59 Dollar und ist 9 Tage gültig.
»Movie Stars Homes Tour« ist eine zweistündige Tour von Starline Tours (Tel. 1-8 00-9 59 31 31, www.starlinetours.com), bei der in Minibussen die Villen von Stars wie Nicholas Cage, Gregory Peck, Steve Martin, Madonna, Barbara Streisand oder Woopie Goldberg angefahren werden.
Historic Hollywood Walking Tour (Tel. (3 23) 4 02 10 74, www.redlinetours.com) bietet dagegen Spaziergänge durch Hollywood und über Friedhöfe.

WEITERE INFORMATIONEN ZU HOLLYWOOD

California Tourism, Touristikdienst Truber: Tel. (0 60 27) 40 11 08.
Websites: www.hollywood.com, www.lacvb.com, www.visitcalifornia.com

36 California Highway 1, »Highway to Heaven«

Traumstraße entlang der Pazifikküste

Der Pacific Coast Highway, ein Abschnitt der von Alaska nach Feuerland führenden Panamerikana, hat zwar nicht den legendären Ruf der Route 66 von Chicago nach Los Angeles, doch landschaftlich ist er mindestens ebenso spektakulär. Zunächst als Staatstraße 1 und dann als US Highway 101 folgt der »PCH« der Kontur der Pazifikküste über mehrere 1000 Kilometer von Kalifornien bis Washington.

Der California Highway 1, der legendärste Abschnitt des Pacific Coast Highway, gilt als Traumstraße entlang der Pazifikküste. Er schraubt sich serpentinenartig hoch in die Küstengebirge, passiert Strände und dichte Wälder, State Parks und idyllische Fischerdörfer. Besonders schön: die Monterey Bay und die Redwoods entlang des Giant's Causeway (rechte Seite).

Da schraubt sich der California Highway 1 gerade noch hoch in die Küstengebirge, um im nächsten Augenblick wieder auf Meereshöhe abzufallen. Auf der einen Seite dichter Wald, auf der anderen die gewaltige Brandung des Pazifiks, hier lange Geraden und dort kurvige Serpentinen. Auf Badestrände folgen bewaldete Naturparks, auf turbulente Großstädte idyllische Fischerdörfer.

Highlight des Pacific Coast Highway ist der Abschnitt auf dem California Highway 1. Der Beginn der »Einser« in Südkalifornien bei San Clemente, einem Vorort südlich Los Angeles, ist noch etwas eintönig. Hier reiht sich ein Strand an den anderen. Erst ab dem elitären Malibu hält die Route dann, was ihr legendärer Ruf verspricht: Der Abschnitt nördlich des Großraums Los Angeles bis hinauf in die San Francisco Bay und weiter zum Endpunkt im nordkalifornischen Leggett ist weniger erschlossen, und die meist nur zweispurige Landstraße führt dicht an der Küste entlang.

Spanische Missionen und kuriose Paläste

Unterwegs passiert man alte spanische Missionen, das hollywoodhafte »Madonna Inn« in St. Luis Obispo – ein kurioser Motelbau zwischen Kitsch und Glamour – und das Hearst Castle, den mit Sammlerstücken gefüllten Neorenaissance-Palast des Zeitungsmoguls William R. Hearst. Big Sur wurde durch Henry Miller berühmt und Monterey ist in John Steinbecks Roman »Cannery Row« von 1945 verewigt.

Im Großraum von San Francisco verliert die Route kurzzeitig ihren beschaulichen Reiz. Doch dafür kompensiert hier die Stadt selbst dank ihrer spektakulären

Lage, ihrer bunten Neighborhoods, ihrer kulinarischen Szene und ihrer Sights und Museen. Kaum hat man die Golden Gate Bridge überquert, taucht man dann wieder in die Natur der Küstenregion ein. Der Streckenabschnitt des CA Highway 1 nördlich von San Francisco stellt ein bleibendes Erlebnis für Naturfreunde dar. Vorbei an der Point Reyes National Seashore – Naturparadies am Pazifik und Hochburg der Biobauern –, an kleinen Fischerdörfern, malerischen Buchten und steilen Klippen taucht der Highway nördlich von Fort Bragg in die dichten Redwood-Wälder Nordkaliforniens und damit in eine komplett andere Welt ein.

Im Wald der »stillen Riesen«

In der kleinen Ortschaft Leggett endet der CA Highway 1 und mündet in den US Highway 101, der weiter nach Oregon und Washington führt. Hier in Nordkalifornien nennt man den Highway 101 zu Recht »Redwood Highway«, durchquert die nun vierspurige Autobahn doch mehrere Schutzgebiete, in denen noch zahllose dieser »stillen Riesen« wachsen.

Die Küsten-Redwoods (Sequoia sempervirens) gehören der Gattung der Sequoia aus der Unterfamilie der Mammutbäume an. Obwohl sie recht schlank sind – sie werden bei einem mittleren Stammdurchmesser von nur rund vier Metern bis zu 100 Meter hoch –, können sie ein Alter von 2000 Jahren erreichen. Die Küsten-Redwoods wachsen heute nur noch in wenigen eng begrenzten geografischen Regionen. Im regenreichen Nebelgürtel entlang des zwei bis 15 Kilometer schmalen Küstenstreifens in Nordkalifornien und Südwest-Oregon sind sie jedoch noch anzutreffen.

Trockenheit, Erosion und Winde können dem flach wurzelnden Baum gefährlich werden, aber die größte Gefahr droht von Seite des Menschen. So hatte man Mitte der 1960er bereits Mühe, größere zusammenhängende Waldflächen auszumachen. 1968 bewirkten Naturschützer, dass man die Restbestände unter Schutz stellte. Zehn Jahre später konnte das Areal ausgeweitet werden, und heute gilt der mehrteilige Naturpark, in dessen Mittelpunkt der Redwood National Park steht, als World Heritage Site und International Biosphere Reserve.

VOM KÖNIGSWEG ZUR TRAUMSTRASSE

1919 bis 1937 hatte man sich daran gemacht, den Old Coast Trail, einen ungeteerten Wagenpfad, durch eine befestigte Straße zu ersetzen. Mehr als zehn Millionen Dollar verschlang das gewaltige Projekt und das, obwohl den Großteil der Bauarbeiter das Staatsgefängnis San Quentin gestellt hat. Die moderne Teerstraße verläuft parallel zum legendären Camino Real, dem Königsweg. Dieser ursprüngliche Indianerpfad verband die spanischen Missionen, die ab 1769 in »Alta California« entstanden. Franziskaner, angeführt vom »Apostel von California«, Pater Junipero Serra, hatten zur Bekehrung der Ureinwohner entlang des Königswegs insgesamt 21 Missionen zwischen San Diego im Süden (1769) und Sonoma im Norden (1823) gegründet.

WEITERE INFORMATIONEN ZUM CA HWY 1

California Tourism, Touristikdienst Truber: Tel. (0 60 27) 40 11 08.
Websites: www.us-101.com, www.visitcalifornia.com

Kaum eine andere Stadt zieht Besucher so in ihren Bann wie San Francisco. Hügel mit Ausblicken, Nebelschwaden, Cable Cars und viktorianische Bilderbuchhäuser, aber auch die kulinarische und kulturelle Szene machen die Stadt zu etwas Besonderem. Wahrzeichen ist die 1937 eröffnete Golden Gate Bridge (oben und rechte Seite).

37 San Francisco: »Belle of the Bay«

Auf den Straßen von San Francisco

»San Francisco ist eine verrückte Stadt, bewohnt von Menschen, die größtenteils absolut irrsinnig und deren Frauen von bemerkenswerter Schönheit sind« – so schrieb schon um 1900 der englische Schriftsteller Rudyard Kipling nach einem Besuch in der »City by the Bay«. Und daran hat sich bis heute kaum etwas geändert.

Die San Franciscans gelten als ein bisschen schräg und ausgeflippt, ein wenig dekadent und zynisch, aber auch als lebensfroh, aufgeschlossen und als unendlich tolerant gegenüber verschiedenen Kulturen, Rassen, Religionen und Gesellschaftsgruppen. Die Wurzeln vieler San Franciscans reichen auf den alten Kontinent zurück, nach Italien und Spanien, Irland und Deutschland. Doch das Stadtbild prägen heute vor allem Asiaten und Latinos, die zusammen mehr als die Hälfte der Bewohner ausmachen.

Kaum eine andere Stadt der Welt zieht Besucher derart in ihren Bann wie San Francisco – trotz latenter Erdbebengefahr und omnipräsenter Nebelschwaden. Sicher sind es nicht allein Golden Gate Bridge, Cable Cars und viktorianische Bilderbuchhäuser, die die »Belle of the Bay«, die Schöne an der Bucht, so einzigartig machen. Auch ihre geografische Lage ist ungewöhnlich: Die Halbinsel im Norden Kaliforniens zwischen Meer und Bucht erstickt unkontrolliertes Wachstum im Keim und bewirkt gleichzeitig, dass die Stadt leicht überschaubar und gut zu erkunden ist. Von vielen der insgesamt 43 Hügel bieten sich spektakuläre Ausblicke und die Devise in San Francisco heißt: »Go climb a street« – hügelauf und -ab, zu Fuß oder per Cable Car. Nur so lernt man die Stadt und ihre Bewohner kennen.

»Eine verrückte Stadt voller Irrsinniger«

Rudyard Kiplings Einschätzung der Stadt und ihrer Bewohner war zweifellos von persönlichen Erlebnissen geprägt. So hat er sicher auch von jener abstrusen Figur des »Emperor« gehört. Joshua A. Norton (1819–1880) hatte sein Geld zunächst als gewöhnlicher Kaufmann verdient, ging dann aber bankrott und verarmte. Da es ihm jedoch nicht an Ideen fehlte, erklärte er sich kurzerhand zum »Emperor of the US« und »Protector of Mexico«. In jeder anderen Stadt hätte man über dieses Faktotum gelacht, nicht so in San Francisco: Emperor Norton wurde zur stadtbekannten Persönlichkeit und

Oben: Die Cable Car, das berühmteste Fortbewegungsmittel der Stadt. Mitte: Eine Legende in North Beach ist das Café Trieste. Unten: die steilste Straße der Stadt, die Filbert Street. Rechte Seite: Älter als die Golden Gate: die Oakland Bay Bridge (oben) und Blick auf das moderne Wahrzeichen, die Transamerica Pyramid vom Alamo Square aus (unten).

erhielt Geldspenden. Man lud in zu Festen und Bällen ein, und er lebte in gebührendem Prunk – ohne selbst einen Cent zu besitzen. Sein Begräbnis wurde sogar zum Staatsakt, und bis heute gedenkt man am Todestag, dem 7. Januar, dem »Kaiser«.

San Francisco, »The City«, ist von jeher ein Musterbeispiel für eine multikulturelle und bunte, vielseitige und schillernde Stadt: Hier das Italienerviertel North Beach mit unzähligen Cafés, Restaurants, Bars und Clubs, unvermittelt daneben das wuselige Chinatown und im Süden, im Mission District, das »Barrio Mexicano« – die Enklave der Süd- und Mittelamerikaner. Haight-Ashbury, Geburtsstätte von Flower-Power und Wohnort der Hippies in den 1960ern, ist noch heute das dynamische Stadtviertel der Künstler und Aussteiger, der Alternativen und Junggebliebenen. Im »Schwulenmekka« Castro zeichnet sich hingegen in den letzten Jahren zunehmend ein Wandel ab: ins klassische Homosexuellen-Viertel ziehen immer mehr junge Familien zu.

Als neuere In-Viertel der Stadt gelten: SoMa, das vormalige Industrie- und Hafenviertel südlich der Market Street, das sich zum modisches Kneipen- und Kulturzentrum gemausert hat; Cow Hollow, das Wohnviertel mit Boutiquen, Shops und Cafés um die Union Street; Hayes Valley, die Gegend im Schatten des Rathauses. Die Region um den zentralen Union Square und Fisherman's Wharf gelten hingegen als die rund um die Uhr belebten Touristenzentren der Stadt.

Vom spanischen Fischerdorf zur Boomtown

Spanier waren es, die San Francisco aus der Wiege gehoben haben. 1769 hatte der Seefahrer Don Gaspar de Portolá per Zufall die Halbinsel entdeckt, und 1775 erkundete sie Juan Manuel de Ayala näher. Im darauffolgenden Jahr begann man mit dem Bau eines Militärpostens, dem Presidio, und gründete die Mission San Francisco de Asis, kurz »Mission Dolores«. Nach und nach entwickelte sich dort, wo sich heute die Innenstadt erstreckt, ein kleines Fischerdorf namens »Yerba Buena«, der »Ort mit den guten Kräutern«. 1847 erhielt das 450-Seelen-Dorf nach der Mission den Namen »San Francisco«. Für einen Boom ungeahnten Ausmaßes sorgte schließlich der Goldrausch von 1849: Innerhalb weniger Jahre stieg die Einwohnerzahl von kaum 1000 auf über 35 000 an – das vormalige Fischerdorf war zur Finanz- und Handelsmetropole geworden.

Dann kam der 18. April 1906: Um 5.12 Uhr bebte die nordkalifornische Küste auf fast 400 Kilometern Länge und 50 Kilometern Breite von San Juan Bautista im Süden bis Fort Bragg im Norden, nach neuesten Untersuchungen mit einer Stärke von 7,8 auf der Richterskala. Das Beben allein wäre nicht so verheerend gewesen, doch der dadurch ausgelöste Großbrand, der drei Tage und drei Nächte wütete, zerstörte vier Fünftel der Stadt. Doch während noch die Ruinen rauchten, machten sich die rund 400 000 Obdachlosen bereits an den Wiederaufbau ihrer Stadt. Dieser Optimismus, der bis heute für die San

Franciscans kennzeichnend ist, führte zu einem monumentalen Neubeginn: Ein Bauboom setzte ein, der Hafen wurde vergrößert und die Weltausstellung 1915 feierte die Wiedergeburt der Stadt.

In den 1950ern und vor allem 1960ern geriet San Francisco erneut ins internationale Rampenlicht: Die Beat-Generation um Jack Kerouac und Alan Ginsberg legte die Basis für Flower Power und Gay Liberal and Free Speech Movement, die ihren Höhepunkt im berühmt-berüchtigten Summer of Love 1967 erlebte. Seitdem gilt San Francisco als liberale und politisch linke Stadt, deren Bewohner immer wieder ihre Stimme erheben, sei es nun gegen Krieg und Umweltverschmutzung oder gegen kleinbürgerliche Verlogenheit. Die San Franciscans genießen das liberal-tolerante Klima in vollen Zügen und beobachten den Rest des Landes oft mit Verwunderung – und werden selbst von diesem ebenso verwirrt beäugt.

Heimat der Bohemians und Unangepassten

Der Nebel, der beim Zusammentreffen kühler Pazifikwinde und warmer Festlandsluft entsteht, verhalf der Stadt zum Spitznamen »Foggy City« und hatte zur Folge, dass man 26 Nebelhörner in der Bay aufstellte. Das Kuriose ist jedoch, dass sich der Nebel innerhalb von Minuten auflöst und oft lokal begrenzt ist. Andererseits passen die wallenden, mystischen Nebelschwaden gut zu den eigenwilligen Bewohnern. San Francisco ist nämlich bis heute Heimat der Hippies und Beatniks, der Blumenkinder und der Bohemiens, der Unangepassten und Aussteiger, der Desperados und Verzweifelten, der Säufer und Drogensüchtigen, der ums Überleben kämpfenden Armen und der Spekulanten, der politisch Engagierten und Intellektuellen. Und San Francisco ist »das letzte großstädtische Dorf Amerikas«, wie es der Schriftsteller Herbert Gold einmal ausdrückte.

SAN FRANCISCO KULINARISCH

Tom Medin ist Einheimischer, Gourmet, Kochbuchautor und Tourveranstalter. Täglich dreimal geht es mit ihm zu Fuß auf kulinarische Entdeckungstour durch North Beach oder Chinatown, durch das italienische und/oder chinesische Viertel, inklusive Besichtigung typischer Lokale und Produktionsstätten – Feinkostläden, Bäckereien, Kaffeeröstereien, Teeläden oder Dim-Sum-Küchen. Reichliche Proben und die Option auf ein anschließendes Menü sind dabei inbegriffen.
Informationen: Local Tastes of the City Tours, Tel. (4 15) 6 65 04 80, www.localtastesofthecitytours.com; täglich um 10.00, 14.00 und 18.00 Uhr, Dauer: drei beziehungsweise zwei Stunden.

WEITERE INFORMATIONEN ZU SAN FRANCISCO

California Tourism, Touristikdienst Truber: Tel. (0 60 27) 40 11 08.
Websites: www.onlyinsanfrancisco.com, www.visitcalifornia.com

Die grandiose Berglandschaft des Yosemite National Park zieht pro Jahr über vier Millionen Besucher an. Der Großteil konzentriert sich dabei auf ein kleines Stück des Parks, das Areal im und um das Yosemite Valley (oben). Auch Glacier Point (unten) und Vernal Fall (rechte Seiten, rechts) laden zu Wanderungen ein.

38 Yosemite National Park, das erste Naturschutzgebiet der Welt

Dem Ansturm kaum gewachsen

Der Yosemite National Park rühmt sich nicht nur einer grandiosen Berglandschaft, er steht auch für die Zukunft der Nationalpark-Idee. Der Besucheransturm hat seit den 1990ern derartige Ausmaße angenommen, dass die Gefahr droht, aus dem Natur- werde ein Vergnügungspark. Über vier Millionen Besucher pro Jahr lassen sich auch durch erhöhte Eintrittsgebühr, obligatorische Vorausbuchungen und zeitweilige Schließung der Zugangstore bei zu starkem Andrang nicht abhalten. Es gibt Überlegungen, den Park ganz für den Individualverkehr zu sperren – um die Natur vor den Naturliebhabern zu schützen.

Während des 18. und 19. Jahrhunderts lebten die Miwok-Indianer im Yosemite-Areal, etwa 250 Kilometer östlich von San Francisco, noch wie im Paradies. Der Goldrausch von 1849 sorgte nur kurz für Unruhe, und danach gehörte das Yosemite Valley wieder ihnen und den Naturfreunden. Es ist US-Präsident Abraham Lincoln zu verdanken, dass die Region unter Schutz gestellt ist: 1864 hatte er den »Yosemite Grant« unterzeichnet, einen Vertrag, der Teile des Yosemite Valley zum ersten State Park und damit zum ersten geschützten Naturareal der Welt erklärte. 1889 beklagte unter anderem der bekannte Naturschützer John Muir öffentlich die Zunahme der Schafzucht und die daraus resultierende Zerstörung der Landschaft im Umkreis des Parks. Mit Hilfe einiger Freunde initiierte er eine groß angelegte Naturschutz-Kampagne, und 1890 hat man das Areal um Yosemite Valley und Mariposa Grove zum Nationalpark ernannt. Als Muir 1903 mit Präsident Theodore Roosevelt zusammentraf, bewirkte er sogar eine Vergrößerung des Gebiets.

Im Yosemite Village lohnt nicht nur das Indian Cultural Center, sondern auch das kleine Museum, das an den international bekannten Fotografen Ansel Adams (1902 – 1984) erinnert. Er war 1937 ins Yosemite Valley gezogen und hatte grandiose Fotoserien angefertigt. In gestochen scharfen Schwarz-Weiß-Fotos hielt er die Landschaft in ihrer ursprünglichen, vom Menschen unberührten Gestalt, in beeindruckender

Stille und Zeitlosigkeit fest. Gleichzeitig setzte er sich aber auch für eine Ausweitung des staatlichen Nationalparksystems und gegen infrastrukturelle Überentwicklung des Areals ein.

Eindrucksvolle Vielfalt

Die Sierra Nevada, in der der Yosemite Nationalpark liegt, ist erdgeschichtlich mit nur rund zehn Millionen Jahren recht jung. Die Bergkette entstand beim Aufeinandertreffen der pazifischen und der nordamerikanischen Erdplatte. Erosionen und Flüsse schufen Canyons, und das Einwirken von Gletschern formte maßgeblich die Landschaft. Die Berge erreichen knapp 4000 Meter Höhe, wobei 80 Prozent der Region überwiegend mit Tannen und Kiefern sowie majestätischen Giant Sequoias (Mammutbäumen) bewaldet sind.

Allein fünf der sieben in den USA vertretenen Vegetationsstufen sind hier zu finden. Die Vielfalt an Flora und Fauna ist beeindruckend: rund 1400 Blumen- und 37 Baumarten, 247 Vogelarten, 80 verschiedene Säugetiere und 22 Reptilienarten. Häufig sind Schwarzbären zu beobachten, ebenso Murmeltiere, Rotfüchse, Stinktiere und Pfeifhasen. Dagegen sind Berglöwen, Dickhornschafe, Wanderfalken oder die Weißkopfseeadler inzwischen selten. Der Grizzlybär ist in Kalifornien komplett ausgerottet – er ist nur mehr als Wappentier zugegen.

Rund 90 Prozent aller Besucher tummeln sich heute auf etwa einem Prozent der gesamten Parkfläche, nämlich im und um das Yosemite Village, einem rund zwölf mal eineinhalb Kilometer großen, vom Merced River durchflossenen Tal. Besonders beliebt sind die Bergmassive Half Dome und El Capitan, die unter Climbern als Toptipps gelten und stets von Schaulustigen umlagert sind. Zu den Highlights gehören außerdem die Yosemite Falls, bestehend aus den Lower und Upper Falls. Letztere sind mit 740 Metern die höchsten Wasserfälle der USA. Vergleichsweise wenig frequentiert ist hingegen die nur ein paar Monate im Jahr befahrbare Tioga Road, eine traumhafte Passstrecke im Norden, die auf das Sierra-Hochplateau führt.

PARADIES FÜR NATURFREUNDE

Im Yosemite National Park gibt es rund 1350 Kilometer Rad- und Wanderwege, zudem Gelegenheit zum Bergsteigen, Klettern, Fischen, zu Bootsfahrten und River Rafting auf dem Merced River. Informationen bieten die Visitor Centers sowie der Village Store und die Yosemite-Hotels (Tel. (2 09) 3 72 12 40, www.yosemitepark-tours.com). Viele organisierte Touren starten an der Yosemite Lodge (Tel. (5 59) 2 52 48 48, www.yosemitepark.com). Außerdem gibt es kostenlose Rangertouren und naturkundliche Veranstaltungen, Vorträge, Filme und Kurse. Als Zentrum für Outdoor-Fans gilt das Curry Village (Teil des Yosemite Village). Dort kann man Fahrräder leihen, Wanderungen planen und Climbing-Touren arrangieren.

WEITERE INFORMATIONEN ZUM YOSEMITE NATIONAL PARK

California Tourism, Touristikdienst Truber: Tel. (0 60 27) 40 11 08.
Websites: www.nps.gov/yose, www.visitcalifornia.com

Das Wine Country, besteht aus dem Napa Valley und dem Sonoma County. Die Furth Family von Chalk Hill Estate sind besonders innovative Winzer.

39 Das kalifornische Wine Country

Zwischen Tradition und Innovation

Zugegeben, aus dem kalifornischen Wine Country, der Region nördlich von San Francisco, bestehend aus dem Napa Valley und dem Sonoma County, kommen auch Massenweine. Aber die Mehrheit der Weine gehört zu den besten und edelsten Tropfen der Welt. Dass es dabei in erster Linie auf die Menschen und nicht auf High Tech ankommt, belegen viele der innovativen kalifornische »Winemaker«. Über 740 Güter existieren in Kalifornien, und vielen gelang es, traditionelle europäische Vinifizierungsmethoden mit neuen, von Traditionen unbelasteten Erkenntnissen zu entwickeln. Das Sonoma County gilt als die Wiege des kalifornischen Weinanbaus. Neben Wein ist die Region berühmt für biologische Lebensmittel. Napa Valley sieht sich dagegen als »World Famous Wine Growing Region«. Entlang dem viel befahrenen Highway 29 oder dem parallel östlich verlaufenden Silverado Trail reihen sich über 200 Weingüter aneinander.

Kalifornische Tropfen in Deutschland: K & U Weinversand/Weinhalle, Tel. (09 11) 52 51 53, www.weinhalle.de

Das Death Valley gilt als einer der kargsten und heißesten Flecken der Erde.

40 Death Valley – im Tal des Todes

Der heißeste Fleck und der tiefste Punkt

Das Death Valley bildet den nördlichen Teil der nach einem Indianerstamm benannten Mojave Wüste, die sich zwischen Los Angeles und Las Vegas ausbreitet. Eingerahmt von der Paramint-Bergkette liegen Salzebenen und Dünen in einem von den Shoshone-Indianern nicht ohne Grund »Tomesha« – Feuergrund – genannten Tal. Bei durchschnittlichen Tagestemperaturen von etwa 50 Grad Celsius im Sommer sowie einer Luftfeuchtigkeit von weniger als sechs Prozent trocknet der Schweiß bereits beim Austreten auf der Haut. Badwater, der heißeste Fleck und mit 85,34 Meter unter dem Meeresspiegel zugleich der tiefste Punkt der USA, befindet sich mitten im Tal. Die Entstehung dieses in Hollywood-Filmen gern skelettübersät dargestellten Tales reicht rund drei Millionen Jahre zurück: Ursprünglich befand sich hier ein großes Binnenmeer, das nach einem gigantischen Vulkanausbruch austrocknete. Sanddünen und Felsen, Vulkankrater und Canyons entstanden – ein Land der Stille.

Informationen: www.nps.gov/deva

41 Mesa Verde National Park

Rätselhafte Anasazi-Kultur

Als am 29. Juni 1906 Präsident Theodore Roosevelt den Mesa Verde National Park als das zweite Schutzgebiet der USA nach dem Yellowstone eröffnete, sprach er davon, die beachtlichen Hinterlassenschaften von Menschen schützen zu wollen, die schon lange im Dunkel der Geschichte spurlos verschwunden waren. Die Indianer der Anasazi-Kultur hatten sich bereits im 6. Jahrhundert auf den Plateaus von Mesa Verde, im Südwesten Colorados, niedergelassen. Doch erst um 1200 entstanden ihre bis heute bewunderten mehrstöckigen Wohnbauten aus Lehm. Sie legten ihre Felswohnungen, die »Cliff Dwellings«, bevorzugt in den Sandsteincanyons an, die den Tafelberg Mesa Verde durchschneiden. Dieser ist dicht bewaldet und zerklüftet und hebt sich von der umliegenden Landschaft ab. Der Grund für die überraschende Aufgabe der Siedlungen um 1300 ist bis heute unklar und umstritten: Gab es eine Bevölkerungsexplosion oder Fehden zwischen den Dörfern oder gar eine einschneidende Klimaveränderung?
INFORMATIONEN: www.nps.gov/meve

An die Indianer der Anasazi-Kultur erinnern Wandmalereien wie jene auf dem Newspaper Rock (oben) und ihre Behausungen (unten).

42 San Antonio im Freiheitskampf

»Remember the Alamo!« ...

... mit diesem Schlachtruf schlugen am 21. April 1836 die texanischen Freiheitskämpfer unter Sam Houston am San Jacinto River nahe der heutigen Großstadt Houston die mexikanischen Truppen unter General Santa Ana. Und durch diesen Sieg errangen sie die Unabhängigkeit Texas von Mexico. Kurz zuvor, am 6. März, hatten die mexikanischen Truppen alle 189 Verteidiger der alten spanischen Mission San Antonio de Valero, kurz »Alamo« genannt, getötet. Darunter befanden sich so legendäre Westernhelden wie James Bowie und David Crockett. Heute pilgern mehr als 2,5 Millionen Menschen jährlich zu den Resten der alten Mission mitten in der modernen texanischen Großstadt San Antonio. Seit dem Jahr 1905 ist sie Denkmal und Museum. Man hält hier die Erinnerung an jenen heldenhaft kämpfenden Männern wach, die zur Befreiung von Texas eine ganze mexikanische Armee 13 Tage lang in Schach gehalten haben.
INFORMATIONEN: The Alamo, 300 Alamo Plaza, San Antonio/TX, Tel. (2 10) 2 25 13 91, www.thealamo.org

Alamo in San Antonio ist ein wichtiges Denkmal für den Freiheitskampf.

In den Nordwesten der USA gelangten europäische Siedler und Amerikaner von der Ostküste erst in der zweiten Hälfte des 19. Jahrhunderts. Neben modernen Metropolen sind es vor allem die unberührte Natur und Weite der Landschaft zwischen Prärie, Rocky Mountains, Hochebenen und Pazifik, die beeindrucken.

Der Nordwesten der USA

43 Yellowstone National Park – auf bebender Erde

Blick in die Unterwelt

John Colter, Teilnehmer der legendären Lewis & Clark-Expedition von 1804 bis 1806 und später Trapper in den Rocky Mountains, hatte es schwer: Immer wieder erzählte er bei seinen Besuchen im Osten von fantastischen Abenteuern und grandiosen Naturschauspielen, die er auf seinen Jagdtrips in die Rockies erlebt hatte. Er berichtete von Geysiren, heißen Quellen, Feuer speienden und stinkenden Felsspalten inmitten einer traumhaften wildreichen Wald- und Berglandschaft.

Colter's Folly«, Colters Hirngespinst, dachten viele und schüttelten den Kopf. Es sollte etwas dauern, doch letztendlich wurde man sogar im fernen Washington D.C. hellhörig angesichts der unglaublichen Berichte von Colter und anderen »Mountain Men«. Als dann auch noch vermehrt Gerüchte über Goldfunde aufkamen, entschloss man sich in der Hauptstadt, im Jahr 1871 eine wissenschaftliche Expedition in die Wildnis zu schicken. Der daraus resultierende Bericht des Leiters Dr. Ferdinand V. Hayden, Direktor des U.S. Geological & Geographical Survey of the Territories, sorgte für Aufsehen.

Und die Gemälde des mitgereisten Thomas Moran sowie die Schwarz-Weiß-Fotos von William Henry Jackson unterstrichen ihn nur noch. Die Politiker zeigten daraufhin eine bis dato einmalige Reaktion: Am 1. März 1872 stellten sie erstmals ein Naturareal unter Aufsicht und Schutz des Staates, damit er als »öffentlicher Park zum Nutzen und zur Freude des Volkes« dienen könne.

Die Nationalpark-Idee breitete sich in den folgenden Jahren aus, erst innerhalb der USA, dann auch in Kanada und in anderen Teilen der Welt. Im Jahr 1976, zur 200-Jahr-Feier der USA, hat man den Park zum »Biosphären-Reservat« und 1978 zur »UNESCO World Heritage Site« ernannt. Heute besuchen diesen malerischen Flecken Erde im Dreieck der Bundesstaaten Wyoming, Idaho und Montana jährlich etwa drei Millionen Menschen. Zusammen mit dem Grand Canyon und dem Yosemite zählt der Yellowstone zu den bekanntesten und meistbesuchten Nationalparks Nordamerikas. Mit über 9000 Quadratkilometern ist er zugleich der flächenmäßig größte.

Der Yellowstone liegt auf einem Hochplateau mitten in den Rocky Mountains, eingerahmt von bis zu 3400 Meter hohen Bergen. 1872 als erster Nationalpark ausgewiesen, zählt er heute zu den meistbesuchten Nationalparks Nordamerikas. Mit 9000 Quadratkilometer Fläche ist er zudem der größte Park.

Die Hochebene des Yellowstone entstand, als ein Vulkan explodierte. Dennoch mangelt es nicht an Leben, von Wild – in der Mitte ein Pronghorn – über Bären, Wölfe und Büffel (unten) bis zu Vögeln. Heiße Quellen und Geysire (Rechte Seite oben), Pools und Wasserfälle wie die Lower Falls (Rechte Seite unten) charakterisieren die Landschaft.

Heiße Quellen und wilde Tiere

Der Yellowstone National Park liegt auf einem Hochplateau von 1900 bis 2600 Metern Höhe, malerisch eingerahmt von bis zu 3400 Metern hohen Bergen, mitten in den Rocky Mountains. Die Hochebene entstand vor zirka 100 000 Jahren, als ein Vulkan explodierte und den Kegel absprengte; an der tiefsten Stelle bildete sich der Lake Yellowstone. Von vulkanischen Aktivität zeugen im fast 50 mal 64 Kilometer großen Kessel noch heute unzählige Geysire, als bekanntester der Old Faithful, sowie heiße Quellen, Schlammvulkane, Calderas und Fumarolen.

Die Region birgt eine vielfältige Fauna: Die Palette reicht von Hirschen, Elchen über Grizzly- und Schwarzbären, Wölfen und Büffeln bis hin zu über 200 Vogelarten. Dichte Wälder und steil aufragende Granitfelsen, Flüsse und spiegelnde Seen, Hunderte von Wasserfällen – wie die berühmten Lower Falls, die Upper, Gibbon und Tower Falls – bieten nicht nur grandiose Fotomotive, sondern auch Lebensraum für zahllose Tiere.

Der »zuverlässige Alte«

Der Yellowstone Nationalpark misst 86 Kilometer von Ost nach West und über 100 Kilometer von Nord nach Süd und liegt zu 96 Prozent auf dem Staatsgebiet von Wyoming. Im äußersten Nordwesten (Yellowstone County) gehören kleine Teile zu Montana und Idaho. Drei der insgesamt fünf Zugänge befinden sich in Montana, zwei in Wyoming. Fast 2000 Kilometer an Wanderwegen, zahlreiche Hotels und Campgrounds machen den Park zu einer im Sommer viel besuchten Attraktion. Hierher kommt man, um die größte Dichte an wild lebenden Tieren in Nordamerika zu erleben und um einen Blick in die brodelnde »Unterwelt« zu werfen. An den Mammoth Hot Springs nahe dem North Entrance befinden sich die Park Headquarters, eines von fünf Visitor Centern und das »Mammoth Hot Springs Hotel«. Dieser Teil des Parks ist als einziger auch im Winter uneingeschränkt zugänglich.

Der Old Faithful, der »zuverlässige Alte«, ist das Aushängeschild des Parks und liegt im südwestlichen Teil, im »Geysir Country«. Dieser Geysir stößt regelmäßig alle 90 Minuten 20 000 bis 30 000 Liter Wasser 40 bis 60 Meter hoch aus. Im Bereich des Old Faithful, im Upper Geyser Basin, befinden sich zahlreiche weitere Geysire, darunter der Riverside, der Grotto und der Daisy Geyser, außerdem gibt es so genannte Pools. Das ungewöhnlich intensive, fast giftig wirkende Farbspektrum solcher heißer Quellen, wie Morning Glory oder Gem Pool, ist auf bestimmte Mineralien und Bakterien zurückzuführen.

Neben dem Old Faithful und dem Yellowstone Lake, der mit 160 Kilometer Uferlinie als der größte See Nordamerikas gilt und über 2000 Meter hoch liegt, hat der Naturpark eine dritte atemberaubende Sehenswürdigkeit: den Grand Canyon of the Yellowstone River mit den Lower und Upper Falls. Der Canyon erreicht nahe Artist Point seine größte Tiefe von 470 Metern. Dort

sowie vom gegenüber liegenden »Grand View« bieten sich die spektakulärsten Ausblicke auf das Tal und die 94 Metern hohen Lower Falls.

Das Monster atmet

Der Yellowstone ist ein Musterbeispiel für die enormen Kräfte, die unter der Erdoberfläche wirken. So zischt, sprudelt und dampft es pausenlos aus mehr als 200 Geysiren und über 10 000 heißen Quellen, Schlammlöchern und Fumarolen. Verantwortlich dafür sind »Hot Spots« – Stellen unterhalb der Erdkruste mit erhöhtem Wärmefluss, über denen Vulkane entstanden.

Im Erdinneren, unter dem Yellowstone, hat sich über Jahrhunderte eine riesige Magmablase gebildet, ist ein »Supervulkan« entstanden. Zuletzt haben Forscher beobachtet, dass der Boden sich an einigen Stellen um bis zu zehn Zentimeter gehoben, andernorts gesenkt hat. Dafür sei diese Magma verantwortlich, mutmaßen Geologen; sie sei unterirdisch über etwa 15 Kilometer quer durch den Park geströmt und habe den Boden in Bewegung versetzt. Bislang war man der Meinung, dass nur das heiße Grundwasser unter der Oberfläche rumore und für die Deformationen verantwortlich sei.

Eine ganz andere Art der Gefährdung stellen die Brände dar, die in gewissen Abständen immer wieder Flora und Fauna beeinträchtigten und ganze Landstriche vernichteten. So grausam solche Brände erscheinen mögen, sie sind zugleich ein natürliches Regulativ und gehören zu einem Kreislauf, bei dem sich der Urwald sozusagen selbst reinigt. Man schätzt, das etwa 300 Großfeuer in den letzten 10 000 Jahren gewütet haben, zuletzt 1988. Damals wurde etwa die Hälfte des Areals erfasst – und kaum 20 Jahre später sprießen bereits überall neue Bäume.

ÜBERNACHTEN AM OLD FAITHFUL

Rechtzeitige Buchung der Unterkunft, am besten von zu Hause aus, ist ratsam. Es gibt Hotels/Lodges und Campingplätze im Grant Village, in Old Faithful, Mammoth Hot Springs, Tower-Roosevelt, Canyon Village sowie in Fishing Bridge/Lake Village/Bridge Bay. Besonders zu empfehlen ist das historische »Old Faithful Inn« von 1904. Allein die ganz aus Holz gebaute riesige Lobby mit großem Kamin ist sehenswert. Doch auch die Lage ist einzigartig: direkt neben dem berühmten Old Faithful Geysir.
Informationen & Buchung: Xanterra Parks & Resorts, PO Box 165, Yellowstone NP, Tel. (3 07) 3 44 73 11, www.yellowstonenationalparklodges.com

WEITERE INFORMATIONEN ZUM YELLOWSTONE NATIONAL PARK

Rocky Mountain International, c/o Wiechmann Tourism Services: Tel. (0 69) 25 53 82 30, Fax (0 69) 25 53 81 00, E-Mail: info@wiechmann.de
Websites: www.nps.gov/yell, www.yellowstonecountry.org

44 Mount Rushmore und Crazy Horse in den Black Hills

Die Black Hills, die »Schwarzen Hügel«, liegen im äußersten Westen von South Dakota und verdanken ihren Namen den Sioux. Ihre Beliebtheit beruht auf zwei einmaligen Sights: dem Mount Rushmore National Monument (oben und rechts oben) – mit den Porträts der vier bedeutendsten Präsidenten– und dem Crazy Horse Memorial (rechts unten).

Paha Sapa – die Heiligen Berge der Sioux

Die Black Hills, die »Schwarzen Hügel«, liegen im äußersten Westen des Bundesstaates South Dakota. Als geologische Einheit bilden sie eine für diese Prärieregion untypische Landschaftsform. Die Sioux gaben den Bergen den Namen »Paha Sapa« oder »He Sapa« (Black Hills): Aus mehr als 100 Meilen Entfernung zeichnen sich ihre Konturen als schwarze Horizontlinie ab. Grund dafür sind vor allem die dichten Kiefernwälder, die sich über die Hänge ziehen.

Die Lakota, eine Gruppe des allgemein als »Sioux« bekannten Indianervolks, verstanden sich als »Warriors of the Plains«, als Krieger der Prärie. Für sie waren die Black Hills ein heiliger Ort. Als 1874 eine Militärexpedition unter George A. Custer in die Bergwelt vordrang, war es jedoch vorbei mit der Ruhe. Custer sollte nicht nur die Region erkunden, sondern auch den Gerüchten nach Goldfunden nachgehen. Man fand tatsächlich Spuren des Edelmetalls, und das Schicksal nahm seinen Lauf.

Zwar versuchte die US-Armee einen Gold Rush zu verhindern – der Vertrag von Laramie sicherte 1868 das Land den Sioux zu –, doch die Geldgier war stärker. Die Sioux setzten sich zur Wehr, mussten sich aber der weißen Übermacht beugen und am Ende in Reservate ziehen. In nur wenigen Wochen waren über 25 000 Glücksucher besonders in den Norden der Black Hills eingefallen und hatten jene legendäre Westernstadt aus dem Boden gestampft, die heute durch die gleichnamige TV-Serie wieder in aller Munde ist: Deadwood.

Im Wilden Westen

Dubiose Figuren und Westernhelden wie Wild Bill Hickock, Calamity Jane und Seth Bullock waren in Deadwood zu Hause. Ein Hauch Wildwest zieht noch heute durch die Straßen der Stadt. Auch dem früheren Ruf als berüchtigte Vergnügungsmetropole wird man gewissermaßen nach wie vor gerecht, verbergen sich doch hinter den renovierten Fassaden der alten Bauten heute Spielcasinos. Auf diese Idee kamen die Stadtväter in den 1980ern, als die Stadt zur Ghosttown zu werden drohte. Durch die

Für die Lakota (Sioux) sind die Black Hills bis heute ein heiliger Ort. Deshalb entschlossen sie sich 1939, ihren Häupling Crazy Horse dort in Fels zu verewigen. Der Auftrag ging an den Bildhauer Korczak Ziolkowski (1908-1982), der als Assistent am Mount Rushmore tätig war. Das außergewöhnliche Monument ist bis heute unvollendet.

Legalisierung des Glücksspiels wollte man Besucher anlocken – um dann mit einem Teil der Einnahmen die historischen Bauten renovieren zu können.

Den legendären Saloon #10, in dem Wild Bill 1876 beim Kartenspiel hinterrücks erschossen wurde, gibt es nicht mehr. Dafür kann man sein Grab auf dem Mount Moriah Cemetery am Boot Hill (südöstlich über der Stadt) besuchen, wo auch andere Wildwest-Legenden wie Potato Creek Johnny, Preacher John und Marshall Seth Bulluck ihre letzte Ruhe gefunden haben. Neben Wild Bill liegt Martha »Calamity Jane« Canary begraben. Goldsucherin, Kartenspielerin, Krankenschwester und Prostituierte in einer Person, war sie für ihre »Schlagkraft« bekannt; sie soll die meisten Schimpfworte gekannt haben. Felsenfest hielt sie das Gerücht aufrecht, sie und der Westernheld hätten ein Verhältnis gehabt. Als Calamity Jane 1903 starb und neben ihm bestattet wurde, soll sich Wild Bill im Grab umgedreht haben. Niemand weiß, in welche Richtung ...

Neueste Attraktion der Stadt ist das von dem bekannten Schauspieler Kevin Costner finanzierte sehenswerte Informationszentrum »Tatanka – Story of the Bison«. Hier erfährt man alles über das »Wappentier« der Prärie, den Bison. Auf dem Freigelände ist in Lebensgröße, mit Bronzefiguren der lokalen Künstlerin Peggy Detmers, eine Bisonjagd nachgestellt. Im Zentrum selbst geht es um das Leben der Lakota und der Bisons – bei Führungen und Vorträgen von Indianern, Filmen und Medien zum Anfassen.

Monumente im Fels

Eine Reise durch die Black Hills lohnt wegen historischer Orte wie Deadwood, wegen der Bergwelt und ihren Wandertrails, aber auch wegen der Höhlenwelt der Jewel oder Wind Caves. Die Dinosaurierfunde bei Hot Springs sind ebenso sehenswert wie der Custer State Park mit seiner Bisonherde und malerischen Scenic Roads, etwa der Iron Mountain Road oder dem Needles Highway.

Zwei Sights in der Region sind jedoch einmalig: das Mount Rushmore National Monument und das Crazy Horse Memorial. An einem der höchsten Punkte der östlichen Black Hills, hat man in den 1930er-Jahren weithin sichtbar die Konterfeis der vier bedeutendsten Präsidenten der USA in den Fels gehauen: George Washington, Thomas Jefferson, Abraham Lincoln und Theodore Roosevelt. Seither zählt Mount Rushmore zu den beliebtesten Ausflugszielen, Pilgerorten und meistfotografierten Sehenswürdigkeiten Amerikas.

Bereits im 19. Jahrhundert hatte es Pläne für eine überdimensionale Felsskulptur im Westen gegeben. Doch erst 1923 entschied man sich für die Black Hills und 1925 für den Bildhauer Gutzon Borglum (1867–1941). Er hatte bereits das Felsbild am Stone Mountain bei Atlanta geschaffen und sollte nun ein Relief schaffen, das Stärke und Bedeutung der amerikanischen Nation symbolisiert. Borglum wählte jene vier Präsidenten aus, die Amerika vom Kolonialismus ins moderne 20. Jahrhundert geführt hatten und damit der Bestim-

mung des Monuments als »Shrine of Democracy« gerecht wurden.

Als »Hintergrund« suchte sich Borglum den 1718 Meter hohen Mount Rushmore aus, genauer dessen Südhang. Denn dieser besaß den Vorteil, fast den ganzen Tag über von der Sonne beschienen zu sein. 1930 begann der Künstler mit der Ausführung des Entwurfs am Fels – das erste fertiggestellte Porträt war das von Washington. Als Borglum 74-jährig im März 1941 starb, setzte sein Sohn Lincoln das Werk fort, beschloss jedoch, die Oberkörper wegzulassen, so dass schon im Oktober 1941 die offizielle Einweihung stattfand.

Denkmal für die Ureinwohner

Als im Jahr 1939 die Arbeiten am Mount Rushmore in vollem Gange waren, beschloss der Häuptling der Lakota-Sioux, Henry Standing Bear, ebenfalls ein Erinnerungsmal in Auftrag zu geben: Zu Ehren der Indianer sollte an der Südwand des Thunderhead Mountain, etwa 30 Kilometer südwestlich von Mount Rushmore, ein Reiterdenkmal für den legendären Crazy Horse entstehen. Er hatte 1876 General Custer am Little Bighorn besiegt und war wegen seiner geschickten Kriegsführung als der »Clausewitz der Indianer« in die Geschichte eingegangen.

Als Bildhauer wählten die Lakota Korczak Ziolkowski (1908–1982), der als Assistent am Mount Rushmore tätig war. Der Künstler war von der Idee begeistert, obwohl die finanzielle Seite wenig ermunternd schien. Bis heute lehnen die Indianer und die Familie Ziolkowski öffentliche Gelder ab: Eintrittsgelder, Fonds und ein Förderverein sind die einzigen Geldquellen, auf die sich dieses monumentale Vorhaben stützt. Das Werk ist zwar noch immer nicht vollendet – man hat nach Fertigstellung des Porträts mittlerweile mit den Arbeiten am ausgestreckten Arm und am Pferdekopf begonnen –, doch der Zulauf von Menschen im Besucherzentrum mit Museum, Theater, Restaurant und Shop will dennoch nicht abreißen.

»HERE THEY COME!«

Die Erde vibriert wie bei einem Erdbeben, Staubwolken verdunkeln den Horizont – und plötzlich sind sie da, die Büffel. Alljährlich im Herbst wird im Custer State Park die Bisonherde zur Sichtung und Kontrolle zusammengetrieben. Als Höhepunkt eines dreitägigen Events unter Schirmherrschaft des Gouverneurs findet ein großes »Buffalo Roundup« statt, das Tausende von Besuchern anlockt (nächste Termine: 1. 10. 2007, 29. 9. 2008).
Custer State Park: US 16A, ca. acht Kilometer östlich Custer (South Dakota), Tel. (6 05) 2 55 45 15, www.custerstatepark.info

WEITERE INFORMATIONEN ZU DEN BLACK HILLS

RMI-Germany (Rocky Mountains International), c/o Wiechmann Tourism Services: Tel. (0 69) 25 53 82 30, Fax (0 69) 25 53 81 00, E-Mail: info@wiechmann.de
Websites: www.rmi-realamerica.com, www.travelsd.com, www.blackhillsbadlands.com, www.nps.gov/moru, www.crazyhorsememorial.org

Zwischen den Great Plains und der Bergwelt der Rocky Mountains gibt es nur eine wirkliche Großstadt: Denver. Die Metropole liegt den Rockies buchstäblich zu Füßen, genau eine Meile über dem Meeresspiegel, weswegen sie auch »Mile High City« genannt wird.

45 Von der »Cowtown« zur »Wowtown« Denver

Zu Füßen der Rockies: die »Queen City of the Plains«

Zwischen den Weiten der Great Plains und der gigantischen Bergwelt der Rocky Mountains gibt es nur eine einzige wirkliche Großstadt: Denver im US-Staat Colorado. Vor der Bergkulisse scheint es, als läge die Metropole den Rockies buchstäblich zu Füßen, doch in Wahrheit erstreckt sich die Stadt mitten in den endlosen Ebenen der Prärie. Sie liegt genau eine Meile – 1,6 Kilometer – über dem Meeresspiegel und nennt sich daher auch »Mile High City«.

Wie viele Städte im Westen ist Denver jung. Das bemerkt man bereits in Downtown, der Innenstadt, wo moderne Hochhausbauten eine beeindruckende Skyline vor der Hintergrundkulisse der Rockies bilden. Architektonisch hat Denver viel zu bieten, zum Beispiel den 2006 eröffneten Anbau des Denver Art Museums von Daniel Libeskind oder aber Michael Graves Denver Public Library. Beide Bauten bilden ein ungewöhnliches modernes Bauensemble im Schatten des altehrwürdigen State Capitol. Daneben haben sich aber auch einige historische Bauten erhalten, die an die Frühzeit der Stadt erinnern, zum Beispiel im Areal zwischen Larimer Square und Union Station.

Bis zur Mitte des 18. Jahrhunderts hatte kaum ein Weißer diese Region gesehen, lediglich ein paar Trapper und Pelzhändler frequentierten die nahen Bergwälder. Um 1858 fand dann ein Abenteurer Gold am South Platte River, und obwohl es sich nur um kleine Mengen handelte, verbreitete sich die Neuigkeit wie ein Lauffeuer. Glücksucher eilten herbei und errichteten eine einfache Siedlung, die jedoch nicht lange Bestand hatte. Lediglich ein paar Unverbesserliche versuchten erneut ihr Glück am Zusammenfluss von South Platte River und Cherry Creek, heute am westlichen Innenstadtrand, und hatten Erfolg.

Aus drei mach eins

Die Funde dort waren weit viel versprechender, und plötzlich schossen gleich zwei Orte aus dem Boden: Auraria und St. Charles City. Wieder strömten Abenteurer ins Land. Unter ihnen befand sich ein ehemaliger Offizier, William Larimer, aus Kansas, der meinte, einen eigenen,

Denver ist eine junge Stadt, wie man leicht in der Innenstadt bemerkt. Dort bilden moderne Hochhausbauten vor der Bergkulisse eine spektakuläre Skyline. Oben: Blick auf Downtown. Unten: Kunst am Bau. Rechte Seite: Downtown mit der 16th Street Mall, die wichtigste Einkaufsstraße der Stadt, entworfen von I. M. Pei im Jahr 1982.

dritten Ort gründen zu müssen: Denver City. 1861 schlossen sich schließlich die drei zu einer Stadt zusammen und nannten sich fortan »Denver«.

Längst waren nicht mehr die Goldfunde wichtig, sondern die Saloons, Hotels, Geschäfte und Banken, die Denver zum wirtschaftlichen Zentrum der ganzen Region machten. Erfolgreiche Schürfer und Minenbesitzer errichteten sich herrschaftliche Häuser, ein Opernhaus entstand, und Denver wandelte sich von einer Budenstadt zur »Queen City of the Plains«. Der Traum von der Weltstadt war jedoch um 1900 ausgeträumt, als der Silberpreis in den Keller stürzte.

Denver fiel in einen Dornröschenschlaf und erwachte erst wieder, als 1928 die Eisenbahnlinie nach Westen fertiggestellt war und die Stadt zum Eisenbahnknoten wurde. Zu Beginn der 1980er-Jahre lösten Bodenschätze, diesmal Erdöl und Kohle, einen neuen Boom aus – die TV-Serie »Denver« erinnerte daran. Rings um die Stadt, auf Getreidefeldern oder sogar mitten in Ortschaften, fördern seither Pumpen wertvolles Öl, das die Stadt reich gemacht hat. Mittlerweile ist aus der Cowtown eine »Wowtown« geworden, wenngleich in den Augen vieler Amerikaner Denver eine Wildwest-Stadt geblieben ist. Man scheint mit Geld nur so um sich zu werfen: Spektakuläre Bauten, Sportstadien, Kulturevents und ein neuer Flughafen sorgten und sorgen für Aufsehen. Lebensqualität wird in Denver heute groß geschrieben, das Kulturleben blüht, die kulinarische Szene ist aufregend und junge Familien schätzen die Stadt.

Zwischen State Capitol und 16th Street Mall

Das 1908 erbaute State Capitol mit seiner von Blattgold überzogenen Kuppel hebt sich eindrucksvoll von der Umgebung ab. Vor dieser staatlichen Regierungszentrale liegt der Civic Center Park, Denvers zentraler Platz mit der City Hall, dem Rathaus, an der Westseite. Südlich schließt sich das »Golden Triangle« an, mit dem sehenswerten Colorado History Museum und dem Denver Art Museum. Hier ist nicht nur die moderne Kunst sehenswert, sondern zudem lohnen die Sammlungen zur Western Art und zur indianischen Kunst. Dieses bekam im Oktober 2006 mit einem ungewöhnlichen Anbau, das Frederic C. Hamilton Building, eine Erweiterung. Planer war der weltberühmte Architekt Daniel Libeskind, von dem auch die Pläne für das jüdische Museum in Berlin stammen und der an der Neukonzeption der World Trade Center Site in New York beteiligt ist.

Nördlich des Civic Center Parks beginnt die 16th Street Mall, eine die ganze Innenstadt querende Fußgängerzone und zugleich die wichtigste Einkaufsstraße. Schon 1982 hatte der prominente Architekt I. M. Pei diese genau eine Meile lange Promenade mit verschieden farbigen Granitplatten und über 200 Bäumen geplant. Hier befinden sich elegante und teure Geschäfte und Kaufhäuser, aber auch ausgefallene und preiswertere Shops und Boutiquen. Einziges Verkehrsmittel auf der Mall ist ein kostenloser Elektrobus, der an jeder Straßenkreuzung hält.

Historische und weniger historische Neighborhoods

Wie es in Denver einmal ausgesehen haben mag, als noch Cowboys zu Pferd durch die Stadt ritten, deutet der renovierte historische Distrikt »LoDo« (Lower Downtown District) an. Er erstreckt sich zwischen der 1885 erbauten Union Station und dem Larimer Square beziehungsweise der Larimer Street als ältester Straße der Stadt. Ein Bummel durch das Viertel lohnt allein schon wegen der Vielfalt an Läden, Kunstgalerien, Boutiquen, Kneipen, Cafés, Restaurants und nicht zuletzt wegen des großen und gemütlichen Buchladens »Tattered Cover Book Store«.

Am Nordrand von LoDo steht Coors Field, seit dem Jahr 1995 die Heimat der beliebten Baseballmannschaft Colorado Rockies, die bis zu 50 000 Fans zu ihren Heimspielen anlockt. Noch mehr Besucher, nämlich über 70 000 pilgern zu den Spielen der Broncos, der Football-Mannschaft. Ihr Stadion, das Invesco Field at Mile High, steht nicht weit davon entfernt, jenseits des Platte River.

Das Platte River Valley schließt sich im Nordwesten an LoDo an. Einheimische nennen es kurz »Play-Do«. Schließlich handelt es sich nicht nur um ein Erholungs- und Freizeitareal mitten im Zentrum, sondern hier gibt es auch einige unterhaltsame Attraktionen. Zu ihnen zählen beispielsweise die Sporthalle Pepsi Center, Heimat der Profiteams Nuggets (Basketball) und Colorado Avalanche (Eishockey), das Children's Museum of Denver, das Downtown Aquarium sowie der Six Flags Elitch Gardens Amusement Park. Ein Muss für alle Outdoor-Fans ist direkt am Platte River »REI«, einer der größten Outdoor-Spezialshops des Nordwestens.

Der City Park im Osten ist die grüne Lunge der Stadt und dank des Denver Zoo und des Museum of Nature & Science – eines der größten seiner Art – beliebtes Familienausflugsziel. Denvers größtes Einkaufsareal befindet sich weiter im Südosten der Innenstadt um den Cherry Creek und heißt »Cherry Creek Shopping District«. Hier verteilen sich auf mehrere Blocks und im »Cherry Creek Shopping Center« um die 500 Shops, Cafés und Restaurants.

AUSFLUG NACH GOLDEN

Wenige Meilen westlich von Denver liegt die Kleinstadt Golden, die sogar einmal mit Denver um die Vormachtstellung in Colorado konkurrierte. Heute locken nicht mehr Goldfunde, sondern zwei Attraktionen: Einmal der größte Brauereikomplex der Welt, die 1873 vom deutschen Einwanderer Adolphus Kohrs gegründete Coors Brewery. Zum anderen pilgern Western-Fans hinauf auf den Lookout Mountain zum Grab von William Cody (1848–1917), besser bekannt als »Buffalo Bill«. Der legendäre Trapper, Scout, Bison-Jäger und Gründer einer weltberühmt gewordenen Wild West Show hat außerdem hier ein Museum erhalten.

Websites: www.goldencochamber.org, www.coors.com, www.buffalobill.org

WEITERE INFORMATIONEN ZU DENVER

Get It Across Marketing, Köln:
Tel. (0 22 12) 33 64 07,
Fax (0 22 12) 33 64 50.
Websites: www.denver.org, www.colorado.com

Die Indianer sahen in dem intensiv blauen Crater Lake (rechte Seite) etwas Mystisches. Ihrer Überlieferung nach soll in grauer Vorzeit ein Streit der Götter den Ausbruch des Vulkans und die Entstehung des Sees bewirkt haben. Für die Indianer ist das Areal bis heute ein heiliger Ort.

46 Crater Lake National Park – zwischen Himmel und Hölle

Ein See im »Ring of Fire«

Die Vulkane der Cascade Range reihen sich parallel zur Küstenlinie auf und bilden einen Teil des sich um den Pazifik ziehenden Vulkangürtels, des Ring of Fire. Die Kaskaden sind daher eine noch aktive Vulkanlandschaft mit riesigen Waldarealen und Halbwüstenlandschaften. Mitten drin, im US-Bundesstaat Oregon, liegt mit dem Crater Lake ein atemberaubender Vulkansee von einmaliger Schönheit.

Die Erdkruste setzt sich aus zahlreichen größeren und kleineren Erdplatten zusammen. Ihre Bewegung von zwei bis zehn Zentimetern pro Jahr kann dazu führen, dass Erdbeben entstehen, wenn sich die durch Reibung an den Erdplattengrenzen entstandene Spannung ruckartig abbaut. Die Entstehung der Cascade Range, der Vulkan-Bergkette im Hinterland der nordamerikanischen Pazifikküste, ist auf einen solchen Spannungsbereich zwischen zwei Platten, der pazifischen und der nordamerikanischen, zurückzuführen.

Die Juan-de-Fuca-Platte, die sich von Vancouver Island bis etwa 200 Kilometer nördlich von San Francisco erstreckt, ist eine Teilscholle der pazifischen Erdplatte. Sie schiebt sich allmählich unter die sich westwärts bewegende nordamerikanische Platte. Ihr versenktes Material beginnt in der Tiefe unter Druck und Hitze zu schmelzen. Das dabei entstehende Magma steigt durch Risse in der Erdkruste an die Oberfläche und bildet Stratovulkane – die Vulkankette der Cascade Range.

Kampf der Götter

Erst sachte, dann immer steiler steigt der Highway 62 zum Crater Lake National Park an. Am Rim Village auf rund 2000 Meter Höhe hat er schließlich den Rand der im Durchmesser neun Kilometer großen Caldera erreicht. Von hier bietet sich ein spektakulärer Ausblick auf den 752 Quadratkilometer großen und seit 1902 unter Schutz stehenden fast kreisrunden, tiefblauen Kratersee.

Schon die Modoc- und Klamath-Indianer, die einst im Bereich der Kraterlandschaft lebten, sahen in dem intensiv blauen Vulkansee etwas Mystisches, durch überirdische Wesen Entstandenes.

Im Umfeld des Crater Lake National Parks erstreckt sich eine schier endlose Wald-, Berg- und Vulkanlandschaft. Dazu gehören der vom South Sister überragte Sparks Lake im Deschutes National Forest (oben), das Newberry National Volcanic Monument (Mitte), der Smith Rock Statte Park (unten) und der Hosmer Lake (rechte Seite, unten).

Nach einer Erzählung der Klamath war es Skell, der Geist des Himmels, der den Berg Mazama zerstört hat. Dort lebte nämlich sein Gegner Llao, der Häuptling der Unterwelt. Mit unverstellbarem Getöse soll der Feuer speiende Berg in sich zusammengestürzt sein und nur ein riesiges Loch in der Erde hinterlassen haben: den Crater Lake.

Für die Indianer war es deshalb ein heiliger Ort und man befürchtete, dass Fremde einmal die herrschende Ruhe stören könnten. Das bewahrheitete sich Mitte des 19. Jahrhunderts, als Goldgräber in die Region eindrangen und ihnen Siedler folgten. Damals tauchte auch erstmals der Name »Crater Lake« auf. James Sutton, Herausgeber der Tageszeitung »Oregon Sentinel« in Jacksonville, einem kleinen Nest bei Medford südwestlich des Vulkans, hatte ihn 1869 geprägt.

Eine gigantische Explosion

Die Erklärung der Indianer für die Entstehung des Crater Lake haben Wissenschaftler inzwischen quasi bestätigt. Der letzte Ausbruch des Vulkans vor etwa 7000 bis 8000 Jahren muss eine derartige Wucht gehabt haben, dass der Ausbruch des Mount St. Helens im Jahr 1980 vergleichsweise ein kleines Strohfeuer war: 45-mal stärker soll die Explosion gewesen sein, und eine mindestens 15 Zentimeter dicke Ascheschicht verteilte sich über eine Fläche von 13 000 Quadratkilometern. Selbst in drei kanadischen Provinzen konnte man noch Aschespuren nachweisen.

Vor der Eruption stand an Stelle des Crater Lake der 3600 Meter hohe Vulkanberg Mount Mazama – vergleichbar mit dem noch existierenden Mount Rainier südlich von Seattle. Erst kündigte sich die Katastrophe mit kleineren Ausbrüchen und Erdbeben an. Dann zerbarst der gesamte Berg in einer gewaltigen Explosion und sackte um mehr als 1500 Meter in sich zusammen. Er hinterließ eine riesige Caldera, ein abflussloses »Becken«, das sich mit Wasser füllte und den See bildete. Heute liegt dessen Wassertiefe bei bis zu 590 Metern und macht ihn damit zum tiefsten See Amerikas. Die beiden kleinen Vulkankegel im See – Wizard Island ragt 241 Meter aus dem Wasser heraus und der Merriman Vulkan liegt unter dem Seespiegel – sind Folgen späterer Ausbrüche.

Auf dem Rim Drive

Den Kraterrand beziehungsweise den Crater Lake umschließt der so genannte Rim Drive auf etwa 2000 Meter Höhe mit über 50 sehr kurvenreichen Kilometer Länge. Eine komplette Umrundung dauert gut eine Stunde. Mit Stopps an Aussichtspunkten und einer kurzen Wanderung ins Umland sind mindestens drei Stunden einzuplanen. Im Westen erreicht man den Ausgangspunkt für die relativ leicht zu bewältigende Besteigung des 2440 Meter hohen Watchman. Von seinem Gipfel bietet sich ein grandioser Rundblick auf die Vulkan- und Waldlandschaft. Im Norden des Sees kann man vom Rim Drive über den kurzen Cleetwood Trail zum See hinunterlaufen. Im Sommer setzen am Ende dieses Pfades Boote zur Wizard Island über.

Zwischen Lavagestein und dichten Wäldern

In den unteren Lagen der Vulkan-Berglandschaft breitet sich ein dichter Wald aus Fichten, Douglasien und Zedern aus. An der niederschlagsreicheren Westseite des einstigen Mount Mazama wachsen sogar Eichen, während die Ostseite weit trockener ist. Am Kraterrand kann man die eigenwillige Schönheit der von Stürmen fantastisch geformten und verkrüppelten Kiefern beobachten. In den Tälern hingegen, teils auch am Krater, blühen im Frühjahr und Sommer unzählige Wildblumen und -kräuter.

Im Hinterland gibt es Wapiti- und Maultierhirsche, Kojoten, Füchse und Marder, Murmeltiere und Stachelschweine, doch am interessantesten ist die Vogelwelt: Es sollen nahezu 200 Arten sein, und besonders die Vielfalt und Menge an Raubvögeln (Adler, Habichte und Falken) beeindruckt. Wasservögel sind hingegen selten, da die steilwandigen Ufer des Sees weder Nahrung noch Brutplätze bieten.

Östlich des Crater Lake National Parks erstreckt sich am Übergang zwischen Kaskadengebirge und wüstenartigem Columbia Plateau eine schier endlose Wald-, Berg- und Vulkanlandschaft. Dazu gehört mit dem nördlich gelegenen Newberry National Volcanic Monument ein weiteres beeindruckendes vulkanisches Gebiet. Der ehemalige Mount Newberry ist wie der Mazama durch Eruptionen »abgetragen« worden. In seiner Caldera haben sich jedoch gleich zwei Seen gebildet: Paulina und East Lake. Augenfällig sind hier vor allem die schwarzen Lavamassen. Sie entstanden, als die äußere Lava erstarrte, während die innere weiter abfließen konnte. Ein Vergleich mit dem Lava Beds National Monument in Nordkalifornien drängt sich förmlich auf.

HIGH DESERT MUSEUM

Am südlichen Stadtrand von Bend, dem idealen Ausgangspunkt für die Erkundung der Vulkan-, Wald- und Berglandschaft in Zentral-Oregon, liegt das High Desert Museum. Hier erfährt man alles über Flora und Fauna sowie die Halbwüste, die sich östlich der Kaskadenberge auf dem Columbia Plateau ausbreitet. Daneben steht die Geschichte der Indianer und der ersten Siedler, Holzfäller und Goldsucher im Zentrum. Ein Rundgang über das Freigelände führt vorbei an einer rekonstruierten Sägemühle und einer Ausstellung über die Veränderung der Wälder durch Menschenhand.

Informationen:
www.highdesertmuseum.org

WEITERE INFORMATIONEN ZUM CRATER LAKE NATIONAL PARK

Oregon Tourism, Wiechmann Tourism Service: Tel. (0 69) 25 53 82 40,
Fax (0 69) 25 53 81 00.
Websites: www.nps.gov/crla,
www.VisitCentralOregon.com,
www.TravelOregon.de

In Portland gibt es den größten amerikanischen Freiluftmarkt, den Portland Saturday Market (linke Seite). Hier, aber auch auf dem Pioneer Courthouse Square, »Portlands guter Stube« (rechte Seite, links) trifft man sich. Im Willamette River spiegelt sich effektvoll die Skyline der Stadt (rechte Seite, rechts).

47 Laissez-faire in Portland

City of Books, Beers, Bikes and Blooms

Es sind nicht zwangsläufig Sehenswürdigkeiten und Museen, die eine Stadt zu einem besonders attraktiven Reiseziel machen. Es kann auch der Lebensstil, die Atmosphäre, das Flair sein. Und genau das sind die Stärken der liberal eingestellte Metropole Portland im Nordwesten des US-Bundesstaates Oregon. Sie gilt als die »City of Books, Beers, Bikes and Blooms«.

Man braucht nicht lange, um den Spitznamen zu verstehen. In der »Stadt der Superlativen« – ein weiterer Beiname Portlands – befindet sich nämlich der größte Buchladen der USA, wenn nicht der Welt, »Powell's City of Books«, und es gibt mehr Brauereien und Kneipen als in jeder anderen Stadt. Über 30 Brauereien in der Stadt beziehungsweise fast 40 im Großraum sollen es sein, und niemand lebt angeblich mehr als 10 bis 15 Minuten von einem »Brew Pub« oder einer Brauerei entfernt.

In Portland gibt es den größten amerikanischen Freiluftmarkt, den Portland Saturday Market, die zweitgrößte Kupferstatue der Welt nach der Statue of Liberty, die Portlandia, den größten Sportartikelhersteller der Welt (Nike) und mit den Portland TrailBlazers eine der Traditionsmannschaften der Basketball-Profiliga NBA. Seit der Anlage des International Rose Test Garden 1917 bezeichnet sich Portland zudem gerne als »City of Roses«. Dieser älteste Rosengarten Nordamerikas befindet sich, wie der sehenswerte Japanische Garten, im Washington Park im Südwesten oberhalb der Stadt. Er macht jedoch nur einen Teil von insgesamt an die 15 000 Hektar an ausgewiesenen Parkflächen aus.

Sehenswertes in der Innenstadt

Straßenbahnen und Busse tragen dazu bei, dass man in Portland auf das Auto verzichten kann. Idealer Startpunkt für eine Erkundung der Innenstadt ist der zentrale Pioneer Courthouse Square, Portlands »gute Stube« und Meeting Point. Nicht weit davon entfernt liegt das Oregon History Center, ein sehenswertes historisches Museum zu Oregons Geschichte von der Frühzeit bis heute und zugleich Ausstellungsort der Werke regionaler Künstler. An der Museums-West- und Südwand schuf der Künstler Richard Haas in Trompe-l'œil-Technik 1989 beeindruckende Wandbilder: die

Lewis & Clark-Expedition sowie die historische Entwicklung Oregons.

Gleich gegenüber befindet sich eines der besten Kunstmuseen des Westens: das Portland Art Museum, das ein Filminstitut und einen Skulpturengarten einschließt. Besonders interessant ist die Abteilung zu Kunst und Kunsthandwerk der Indianer sowie das neue Center for Modern and Contemporary Art; zusätzlich bietet es aber immer wieder hochkarätige Wechselausstellungen.

An das moderne Downtown schließt sich wie eine kleine Insel in der Nordostecke Old Town beziehungsweise Yamhill und der Skidmore District an. Hier findet an Wochenenden der berühmte Portland Saturday Market statt und hier stellt Chinatown das exotisch-lebhafte asiatische Zentrum dar. Außer Old Town mit seinen historischen Bauten selbst, lohnt das in seiner Art einmalige American Advertising Museum, in dem es um die Geschichte der Werbung geht. Entlang dem Willamette River zieht sich der Waterfront Park mit dem Oregon Maritime Center & Museum hin. Und etwas abseits, am Ostufer des Willamette River, lädt das Oregon Museum of Science & Industry (OMSI) ein. Es gilt als das fünftgrößte Wissenschaftsmuseum der USA und ist mit seinen interaktiven Ausstellungsstücken kein bisschen langweilig.

Das Herz des »jungen« Portland

Der Pearl District ist ursprünglich ein alter Lagerhausbezirk. In den letzten Jahren hat er sich jedoch zum boomenden Viertel mit Boutiquen, Galerien, Lokalen und Microbreweries entwickelt. Zudem ist er inzwischen eine begehrte Wohnadresse. Doch das Leben pulsiert auch in anderen Teilen der Stadt, zum Beispiel im westlich der Innenstadt gelegenen Nob Hill. Hier, um die 23rd Street zwischen Burnside und Lovejoy Street, schlägt das Herz des »jungen« Portland. Jenseits des Willamette River ist ebenfalls etwas geboten, und vor allem das Areal um den Hawthorne Boulevard hat mächtig an Attraktivität zugelegt.

DAS BIERPARADIES

Im US-Bundesstaat Oregon und in dessen größter Stadt Portland ist Bier nicht einfach Bier. Erst recht hat dieser Gerstensaft nichts mit den berühmt-berüchtigten dünnen Standardgebräuen der Großproduzenten zu tun. Seit 1990 nennt sich Portland »Microbrew Capital of the World« – nicht zu Unrecht, bedenkt man, dass es hier mehr Brauereien und Kneipen gibt als in jeder anderen Stadt der Welt. In der »Oregon Brewers Guild« zusammengefasst, unterwerfen sich die »Micro« und »Craft Breweries« freiwillig dem Motto »Quality and Integrity«, was dem bayerischen Reinheitsgebot gleichkommt.

Informationen: www.oregonbeer.org

WEITERE INFORMATIONEN ZU PORTLAND

Oregon Tourism, Wiechmann Tourism Service: Tel. (0 69) 25 53 82 40, Fax (0 69) 25 53 81 00.

Websites: www.travelportland.com, www.TravelOregon.de

Die 1811 gegründete Handelsstation Astoria liegt an der Mündung des Columbia Rivers in den Pazifik. Die nahe Küste ist wild zerklüftet und felsig, weist jedoch auch einsame Buchten und lange Sandstrände auf. Oben: Shore Acres, unten: Cape Kiwanda, rechte Seite oben: Bandon Beach und unten der Strand bei Cape Blanco.

48 Little San Francisco of the Northwest: Astoria

Die erste dauerhafte Siedlung westlich des Mississippi

Astoria liegt malerisch an der Mündung des Columbia River in den Pazifik. Das moderne Wahrzeichen der Stadt, die Astoria Bridge von 1966, überspannt auf sechseinhalb Kilometern Länge den mächtigen Fluss. Sehenswert im Städtchen mit seinen rund 10 000 Einwohnern sind die zahlreichen, liebevoll restaurierten viktorianischen Häuschen: Sie schmiegen sich an die Hügel und verhalfen dem Städtchen zum Beinamen »Little San Francisco of the Northwest«.

Astoria entstand 1811 als erste dauerhafte amerikanische Siedlung westlich des Mississippi. Eigentlich war sie als Pelzhandelsstation gedacht, die der deutschstämmige Händler Johann Jakob Astor initiierte. Bereits im Winter 1805/06 hatte eine US-Forschungsexpedition unter Führung der Offiziere Meriwether Lewis und William Clark hier Station gemacht und Fort Clatsop gebaut. Die Soldaten hatten erstmals auf dem Landweg von Osten (St. Louis) den Kontinent durchquert. Sie waren erschöpft und zudem wenig von dieser Region angetan: »Was für ein schrecklicher Tag«, schrieb William Clark im verregneten und kalten Winter 1805/06 mehrmals in sein Tagebuch. An jene rauen Zeiten erinnert der 2004 neu eingerichtete Lewis and Clark National Historical Park. Er erstreckt sich von Cannon Beach im Süden über etwa 65 Kilometer bis Ilwaco (Washington) im Norden und umfasst mehrere historische Orte im Mündungsgebiet des Columbia River, allen voran das nachgebaute Fort Clatsop.

Blick von oben

Vom höchsten Hügel Astorias, dem Coxcomb Hill, bietet sich nicht nur ein spektakulärer Blick auf das Mündungsgebiet des Columbia River und die Stadt, die sich mit ihren steilen Straßen bis hinunter zum mächtigen Columbia River zieht. Man kann hier zugleich die Wandmalereien der fast 40 Meter hohen Astoria Column mit Szenen aus der Geschichte der Stadt und der Region studieren. Den Turmbau hat man kurioserweise der antiken Trajanssäule in Rom nachempfunden. Die Wandbilder sind deshalb wie beim Vorbild spiralförmig angeordnet.

Die zahlreich erhaltenen und liebevoll restaurierten Gebäude aus dem ausgehenden 19. Jahrhundert zeugen vom einstigen Wohlstand Astorias als Hafenstadt, als Zentrum des Fischfangs und des Holzhandels. Über die Bedeutung der Seefahrt kann man mehr im Columbia River Maritime Museum am Hafen erfahren. Die Ausstellung bietet einen hervorragenden Überblick über die Schifffahrt auf dem Columbia River und im Pazifik. Im Hafenbecken kann man auch ein altes Feuerschiff besichtigen. Einblick in das Leben im späten 19. Jahrhundert gewährt hingegen das viktorianische Flavel House, zwischen 1883 und 1887 erbaut, und das Heritage Museum in der City Hall.

Deutsche Wurzeln

Johann Jakob Astor, 1763 in Walldorf bei Heidelberg geboren, kam im Alter von 20 Jahren wie viele andere deutsche Immigranten nach New York. Zunächst versuchte er sich als Musikinstrumentenhändler, stieg dann jedoch in den Pelzhandel ein und gründete 1809 die American Fur Company. Damit legte er den Grundstock für seinen Wohlstand. Er schaffte es, fast den gesamten Pelzhandel im Nordwesten an sich zu reißen, indem er zahlreiche Handelsposten, darunter Astoria, errichtete. Seine Profite vergrößerte Astor noch durch Immobilienspekulationen in New York. Als er 1848 starb, wurde sein Vermögen auf 25 Millionen Dollar geschätzt. Damit galt er als der reichste Mann in den USA. Die 1811 gegründete Handelsstation Astoria erwies sich jedoch eher als Pleite. Die abgelegene Lage mitten im Einflussgebiet der britischen Hudson's Bay Company führte dazu, dass die Briten den Posten wenige Jahre nach seiner Gründung einfach annektierten. Erst mit der Grenzziehung 1846, die ein für alle Mal den Interessenskonflikt zwischen Großbritannien und den USA um den Nordwesten beendete, wurde Astoria Teil des US-amerikanischen Oregon Territory. Doch damals spielte der Pelzhandel längst keine Rolle mehr, und man war letztlich dankbar um die günstige Lage an der Mündung des Columbia River in den Pazifik, um Hafen, Fischreichtum und Holzhandel.

LEWIS AND CLARK NATIONAL HISTORICAL PARK

Vier Monate lang hielten sich die Teilnehmer der Lewis & Clark-Expedition im Winter 1805/06 in der Region um die Flussmündung auf. Die Orte, an denen sie Spuren hinterließen, sind heute zum Lewis & Clark National Historical Park zusammengefasst. Kernstück ist Fort Clatsop, neu hinzu kamen in Oregon der Fort to Sea Trail, die ehemaligen State Parks Fort Stevens, Sunset Beach und Ecola, Salt Works im Küstenort Seaside sowie Netul Landing. In Washington, jenseits des Columbia, gehören die ehemaligen State Parks Cape Disappointment und Fort Columbia sowie Station Camp und Clark's Dismal Nitch dazu.

Informationen: www.nps.gov/lecl, www.nps.gov/lewi

WEITERE INFORMATIONEN ZU ASTORIA

Oregon Tourism, Wiechmann Tourism Services: Tel. (0 69) 25 53 82 40, Fax (0 69) 25 53 81 00.

Websites: www.oldoregon.com, www.TravelOregon.de

Die Olympic Peninsula ist ein Naturparadies. Ihren Großteil nimmt der gleichnamige Nationalpark ein. Orcas in den Buchten (oben) rufen ebenso Erstaunen hervor wie der Hoh Rain Forest (unten) – einer der letzten erhaltenen Regenwälder nördlicher Breiten. Am Rialto Beach (rechte Seite) präsentiert sich die Pazifikküste besonders eindrucksvoll.

49 Wellen, Wälder und Berge: Olympic National Park

In der Zauberwelt des Regenwalds

Schnee- und gletscherbedeckte Berggipfel, dichte, fast undurchdringliche Wälder, klare Bäche und Flüsse, türkisfarbene Buchten und Fjorde sowie menschleere Sandstrände machen die Olympic Peninsula zum Naturparadies. Mit dem 2500 Meter hohen Mount Olympus im Zentrum erstreckt sich das Naturschutzgebiet fast über die gesamte Halbinsel zwischen Pazifik im Westen, der Strait of Juan de Fuca, jener Meerenge, die Kanada und die USA voneinander trennt, im Norden und dem Puget Sound im Osten.

Als Präsident Theodore Roosevelt 1909 große Bereiche um den Mount Olympus zum »National Monument« erklärte, tat er dies in erster Linie aus persönlichem Interesse: Er wollte die vom Aussterben bedrohten, nach ihm benannten Roosevelt-Hirsche unter Schutz stellen. 1938 hat man das Gelände vergrößert und zum »National Park« erhoben. Zu Recht, denn der gut 370 000 Hektar große Park ist ungeheuer vielseitig: Er vereint alpine Wildnis mit Sandstränden und Klippen und weist zudem Areale des selten gewordenen nicht tropischen Regenwaldes auf.

Ein dichtes Netz von Wanderwegen führt mitten hinein in ein mystisch-geheimnisvoll wirkendes Land alter Baumriesen, genauer gesagt, in einen der letzten unverfälschten Regenwälder nördlicher Breiten. Im Hoh Rain Forest, auf der Westseite des Naturparks, tritt dieses beinahe unwirklich erscheinende grüne Dickicht aus Moosen, Pilzen, Sequoias, Tannen, Ahornen und anderen Pflanzen am besten zu Tage. Solcher Regenwald ist in den tieferen Lagen der Berglandschaft der Olympus Peninsula anzutreffen, mit zunehmender Höhe und Trockenheit wird er erst durch Misch-, dann durch Nadelwald ersetzt.

Olymp mit ewigem Eis

Dominanter Blickpunkt, häufig von dichten Wolken umhüllt, ist der 2428 Meter hohe Mount Olympus. Wie Mount Rainier und Mount St. Helens verdankt auch er seine Entstehung der Reibung der amerikanischen und pazifischen Erd-

platte. Modelliert durch eiszeitliche Gletscher und abgeschliffen durch nacheiszeitliche Erosionen, ziert seinen Gipfel eine leuchtend weißen Kappe ewigen Eises. Dieses kann sich durch die herrschenden hohen Niederschläge – fünf Meter Regen und zwölf Meter Schnee jährlich – ständig neu bilden.

Eindrucksvolle Pazifikküste

Vor Forks, dem zentralen Versorgungsort an der Westküste, zweigt eine Seitenstraße ab, die entlang dem Sol Duc River zur Küste bei La Push führt. Hier, nördlich der Flussmündung am Rialto Beach, präsentiert sich die Pazifikküste mit ihren Klippen und rund 80 Kilometer Sandstrand besonders eindrucksvoll, speziell bei Sonnenuntergang. Ganz im Nordwesten der Halbinsel liegt Neah Bay und die Makah Indian Reservation. Das zwar nicht sehr große, aber sehenswerte Indianermuseum Makah Cultural Center lohnt mindestens ebenso den Abstecher wie der sich von der nordwestlichsten Spitze der kontinentalen USA aus bietende Ausblick auf den Pazifik. Hier am Cape Flattery fühlt man sich am Rande des Universums.

Eine vielseitige Landschaft

Die unterschiedlichen Landschaftsformen haben eine vielseitige Flora und Fauna hervorgebracht: Roosevelt-Hirsche, Elche, Schwarzbären, Rehe, Waschbären und Schneeziegen sind hier zu finden. Kojoten, Füchse, Stinktiere, Marder und Luchse sind ebenfalls vertreten, genau wie Hasen, Erdhörnchen und Murmeltiere. Auf den Klippen tummeln sich Robben, und in der Ferne ziehen im Ozean die Grauwale vorbei. Noch vielfältiger ist die Vogelwelt: Über 180 Arten, insbesondere Wasser- und Seevögel, aber auch Seeadler und Wanderfalken kann man beobachten.

Um die Olympic Peninsula führt der US Highway 101, Teil des berühmten Pacific Coast Highway. Von ihm aus sind immer wieder Abstecher an den Pazifik oder mitten hinein in die dichten Regenwälder möglich. Der Highway passiert auch den wichtigsten Ort der Region, Port Angeles, von dem aus eine Stichstraße mitten in den Nationalpark führt. Der traumhafte Blick auf den Mount Olympus mit seinen drei Gipfeln belohnt diese Fahrt zur 1600 Meter hohen Hurricane Ridge.

VOM MEERESRAUSCHEN IN DEN SCHLAF GEWIEGT

Mehrere Hotels, Lodges und Campingplätze verteilen sich auf den Nationalpark. Daneben bieten Ortschaften an seiner Grenze, wie Port Angeles, Forks oder Port Townsend, ein breites Spektrum an Übernachtungsmöglichkeiten. Besonders im Westen der Olympic Peninsula gibt es einige Herbergen, die aufgrund ihrer einsamen Lage direkt am Pazifik unvergleichlich sind, so die historische »Kalaloch Lodge«. Sie liegt am US Highway 101 zwischen Queets und Roby Beach, nur Schritte vom Pazifik entfernt.
Kalaloch Lodge: Tel. (3 60) 9 62 22 71, www.visitkalaloch.com

WEITERE INFORMATIONEN ZU SEATTLE

Washington Tourism, Wiechmann Tourism Services: Tel. (0 69) 25 53 82 40, Fax (0 69) 25 53 81 00.
Websites: www.nps.gov/olym, www.experiencewa.com

50 Seattle, »Emerald City« am Puget Sound

Zwischen tiefblauem Meer und schneebedeckten Bergen

Am schönsten ist es, sich Seattle per Boot zu nähern. Erst recht, wenn die Sonne scheint, was entgegen dem Ruf der Stadt gar nicht so selten ist. Tuckert man mit der Fähre vom Puget Sound über das tiefblaue Meer bildet der strahlend blaue Himmel die gelungene Hintergrundkulisse für die mächtigen schneebedeckten Gipfel der Cascade Range, wie dem Mount Baker, dem Mount St. Helens oder dem Mount Rainier, den mit 4400 Metern höchsten Berg.

Die Fähre bahnt sich den Weg durch den Puget Sound und nähert sich der Küste. Das Glitzern und Funkeln von Glas und Stahl in der Ferne nimmt zu, und langsam schält sich die Silhouette von Seattle mit der himmelsstrebenden Space Needle aus dem smaragdgrün schimmernden Licht. Jetzt versteht man, wie die Stadt zu ihrem Beinamen »Emerald City« kam – und warum diese Stadt im Bundesstaat Washington zu den attraktivsten Städten ganz Nordamerikas zählt. Mit ihren Neighborhoods, wie Belltown, Capitol Hill, Queen Anne oder Fremont, den engen Sträßchen, der historischen Architektur und den Ausblicken von den Hügeln erinnert Seattle ein wenig an San Francisco. Und an den Film »Schlaflos in Seattle« mit Tom Hanks und Meg Ryan, in dem die am Lake Union vertäuten Hausboote beschauliche und ungewöhnliche Wohnformen demonstrierten.

Leben und leben lassen

Die »Seattlites« gelten gemeinhin als etwas eigenartig und schrullig, als engagiert und tolerant und – gemäß dem urbayerischen Motto »Leben und leben lassen« – als liberale Eigenbrödler. Soziales und politisches Engagement, Umweltschutz und Bioprodukte werden groß geschrieben. Und von den vielen »Zugewanderten« der letzten Jahrzehnte kamen die meisten nicht, um reich zu werden, sondern um das Leben zu genießen.

Musik hat in Seattle Tradition: Jimmy Hendrix, Quincy Jones und Ray Charles wurden hier geboren oder lebten hier, ebenso Jazz-Musiker Kenny J. Bekannt ist Seattle aber vor allem wegen der alternativen Musikszene. Sie hat weltberühmte Bands wie Nirvana oder Pearl Jam hervorgebracht und den speziellen

Seattle (rechte Seite) trägt den Beinamen »Emerald City« ganz zu Recht, nähert man sich der Stadt durch den Puget Sound vom Wasser her. Die Space Needle (unten) ist ein ebenso spektakulärer Bau wie das Seattle Art Museum (oben), das noch dazu ein Muss für alle Kunstfreunde ist.

Der 1907 eingerichtete Pike Place Public Market (Mitte) gilt als ältester, kontinuierlich betriebener Bauern- und Fischmarkt der USA. Wie er hat auch Musik in Seattle Tradition – neueste Errungenschaft ist das Experience Music Projekt (unten), gestiftet von Microsoft-Mitbegründer Paul Allen.

Seattle Sound, den »Grunge«, begründet. In jüngerer Zeit sorgen Bands wie The Presidents of the United States oder die Infernal Noise Brigade für musikalische Akzente.

Ein Goldrausch und seine Folgen

Im November 1851 hatten Siedler aus Illinois eine Siedlung gegründet, die man nach dem lokalen Indianerhäuptling »Sealth« genannt hat. Der Hafenort begann zu florieren. Ständige Überschwemmungen und Probleme mit der Kanalisation sowie ein großer Brand Ende des 19. Jahrhunderts machten den Bewohnern allerdings das Leben schwer. Erst als man Anfang des 20. Jahrhunderts das Straßenniveau auf die heutige Höhe anhob, besserten sich die Bedingungen. Als Resultat davon kann der heutige Besucher einen Teil der Stadt unterirdisch besichtigen.

Von Anfang an machten die umliegenden Wälder Seattle zu einer bedeutenden Holzstadt. Den eigentlichen Boom brachte jedoch die Eisenbahn: Die Linie der Northern Pacific Railroad hat man 1887 in Tacoma, südlich von Seattle, fertiggestellt; sie verband erstmals den Puget Sound mit dem Osten. Die Great Northern Railroad schloss dann fünf Jahre später Seattle direkt an die restliche USA an. Große Aufregung gab es 1897: Damals erreichte der Dampfer »Portland« mit einer Ladung Gold aus Klondike in Alaska den Hafen – und löste einen Goldrausch aus, von dem Seattle als letzter wichtiger Umschlagplatz am meisten profitierte.

Seattle konnte diese wirtschaftliche Dominanz sogar noch ausbauen. Wichtige Triebfedern waren der Zuzug der Flugzeugindustrie, allen voran Boeing, bis heute Hauptarbeitgeber der Region, und vor allem die städtebaulich und finanziell interessante Ausrichtung der Weltausstellung 1962. In den1980er-Jahren wuchsen in Downtown Bank-, Büro- und Hotelhochhäuser gen Himmel und eine beeindruckende Skyline entstand. Dass Seattle eine Stadt der Erfinder und Existenzgründer ist, zeigt sich auch an Namen wie Microsoft, UPS und Starbucks. Howard Schultz hatte in den 1980ern eine Reihe lokaler Cafés erworben, und innerhalb kürzester Zeit war die weltweit beliebte Kette entstanden. Auch die Internetbuchhandlung Amazon und der Outdoor-Artikelhersteller Columbia sind in Seattle zu Hause.

Kulinarische Hochburg

Der Kaffeeduft ist nur ein Aroma, das Besuchern beim Bummel über den 1907 eingerichteten Pike Place Public Market in die Nase steigt. Der Bauern- und Fischmarkt ist der älteste, kontinuierlich betriebene der USA. Labyrinthisch zieht er sich über mehrere Ebenen unter Dach und im Freien hin. Mit seinen Buden, Lokalen, Shops und Veranstaltungen, seinen Marktschreiern und Straßenkünstlern, führt er eine Art Eigenleben. Rund 50 Lokale aller Art stehen auf dem Marktareal zur Auswahl, weitere im benachbarten In-Viertel Belltown. Sie bieten von Northwestern Haute Cuisine bis zu Fast Food, von gepflegtem Cappuccino bis zu frisch gezapftem Bier

alles – typisch Seattle, denn die kulinarische Szene ist vielseitig. Weingüter im Umland sowie ein breites Spektrum an Restaurants haben die Stadt zum Feinschmecker-Mekka gemacht.

Rundgang durch die Stadt

Seattles Stadtzentrum ist ein Musterbuch moderner Architektur. Herausragendes Wahrzeichen der Stadt ist die 185 Meter hohe Space Needle im Seattle Center, einem Gelände im Nordwesten der Stadt. Zur Weltausstellung EXPO 1962 hat man dieses Areal mit futuristisch anmutenden und revolutionär-modernen Gebäuden ausgestattet. Von der Spitze des »Ufos auf Stelzen« bietet sich ein grandioser Rundblick – an klaren Tagen bis hin zu den Gipfeln der Olympic-, Mount Rainier- und North Cascade-Nationalparks.

Im Seattle Center sollte man das Pacific Science Center mit seinen Lasershows, Hologrammen und naturwissenschaftlichen IMAX-Filmen genauso wenig versäumen wie das Experience Music Projekt. Gestiftet von Science-Fiction- und Jimmy-Hendrix-Fan Paul Allen, dem Mitbegründer von Microsoft, entstand hier eine Erinnerungsstätte an den Gitarristen und Sänger sowie den Rock 'n' Roll. Geplant vom Stararchitekt Frank Gehry hat es die Form einer Gitarre. Man kann hier aber nicht nur in Erinnerungen schwelgen, es gibt auch eine Konzerthalle und ein Studio für Besucher. Im Bau untergebracht ist außerdem das Science Fiction Museum and Hall of Fame, in dem man einen Blick in die Zukunft wagen und sich über das Genre und seine Vertreter informieren kann.

Am Pioneer Square, im Süden von Downtown, steht die Wiege Seattles. Hier befinden sich die ältesten Gebäude der Stadt. Die Überbleibsel aus der Zeit vor dem Brand von 1889 verbergen sich im »Underground«, durch den es Touren gibt. Der nahe Klondike Gold Rush National Historic Park informiert über den berühmten Goldrausch am Klondike und die Rolle der Stadt. Nur wenige Schritte nordwärts ist schließlich das spektakuläre Seattle Art Museum – kurz SAM – ein Muss für alle Kunstfreunde. Von hier sind es nur wenige Schritte ins Stadtzentrum.

INSEL-HOPPING IM PUGET SOUND

Ein beliebtes Ausflugsziel, leicht per Fähre erreichbar, ist das Tillicum Village auf Blake Island. Dort informieren die lokalen Suquamish-Indianer über ihre Geschichte und Traditionen, zudem gibt es indianische Spezialitäten und Kunsthandwerk. Im Norden des Puget Sound liegen die San Juan Islands, während Vashon Island von Seattle aus am schnellsten erreichbar ist. Die meisten Schiffe – Fähren und Schnellboote – legen vom Seattle Ferry Terminal an Pier 52 ab, auch nach Vancouver Island in Kanada.
Informationen: Victoria Clipper, www.clippervacations.com; Washington Ferries, www.wsdot.wa.gov/ferries; Argosy Cruises, www.argosycruises.com

WEITERE INFORMATIONEN ZU SEATTLE

Washington Tourism, Wiechmann Tourism Services: Tel. (0 69) 25 53 82 40, Fax (0 69) 25 53 81 00.
Websites: www.visitseattle.org, www.seattle.gov/music, www.experiencewa.com

Die traumhaften Landschaften an der kalifornischen Pazifikküste lassen sich am eindrucksvollsten auf einer Fahrt auf dem legendären Highway 1 erkunden. Oben: Bodega Bay. Mitte: Highway 1 bei Jenner. Unten: Flora bei Big Sur.

Register

Für Vielfalt ist im Westen der Vereinigten Staaten reichlich gesorgt. Oben: City of Rocks State Park/New Mexico. Mitte: Felsnadeln bei Bandon/Oregon. Unten: Cape Kiwanda State Park/Oregon.

Die Lakota-Indianer in South Dakota sind bis heute ihren Traditionen und Gebräuchen treu geblieben. Dank eines neu entstandenen Selbstbewusstseins prägen sie ebenso wie die wiederangesiedelten Bisons die Weiten der Prärie.

Impressum

Produktmanagement: Susanne Caesar, Stephanie Iber
Layout: graphitecture book, Rosenheim
Repro: Repro Ludwig, Zell am See
Umschlaggestaltung:
Antonio Moriello unter Verwendung dreier Fotos von Christian Heeb
Kartografie: Astrid Fischer-Leitl, München
Herstellung: Bettina Schippel
Printed in Italy by Printer Trento

Für Hinweise und Anregungen sind wir jederzeit dankbar. Bitte richten Sie diese an:

Bruckmann Verlag GmbH
Postfach 80 02 40
D–81602 München
E-Mail: lektorat@bruckmann.de

Umschlagvorderseite:
Oben: Bryce Canyon National Park
Mitte: Skyline von New York
Unten: Bisons im Badlands National Park, South Dakota
Umschlagrückseite (von links nach rechts): Cable Car in San Francisco, Grand Staircase Escalante NP, Las Vegas
Vorsatz: Küste im Samuel H. Boardman State Park
Seite 1: Native American Days, Acoma Pueblo, Farmington
Seite 2/3: Death Valley National Park, Kalifornien
Nachsatz: Downtown Seattle mit Space Needle vor der Kulisse des Mt. Rainier

Bildnachweis:
Ilja Maölk/Fotolia: Umschlagvorderseite (mitte)
Picture-Alliance, Frankfurt am Main:
S. 55 o. r. (Lonley Planet, Cummins),
S. 57 o. r. (Lonley Planet, Laskowitz)

Alle anderen Abbildungen stammen von Christian Heeb.

Die Deutsche Bibliothek – CIP-Einheitsaufnahme
Ein Titelsatz für diese Publikation ist bei der Deutschen Bibliothek erhältlich.

ISBN 978-3-7654-5496

In gleicher Reihe erschienen...

ISBN 978-3-7654-5437-0

ISBN 978-3-7654-4889-8

ISBN 978-3-7654-4828-7

ISBN 978-3-7654-4830-0

ISBN 978-3-7654-5154-6

ISBN 978-3-7654-5368-7

ISBN 978-3-7654-5253-6

ISBN 978-3-7654-4817-1

ISBN 978-3-7654-5214-7

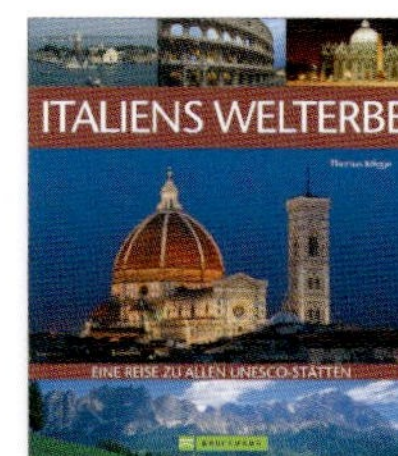

ISBN 978-3-7654-5594-0

ISBN 978-3-7654-4617-7

ISBN 978-3-7654-5426-4

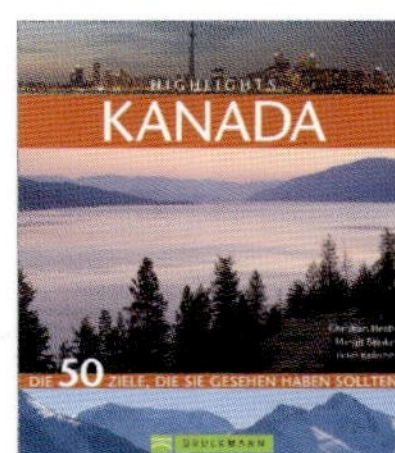

ISBN 978-3-7654-4760-0

ISBN 978-3-7654-4869-0

ISBN 978-3-7654-4750-1

ISBN 978-3-7654-4827-0

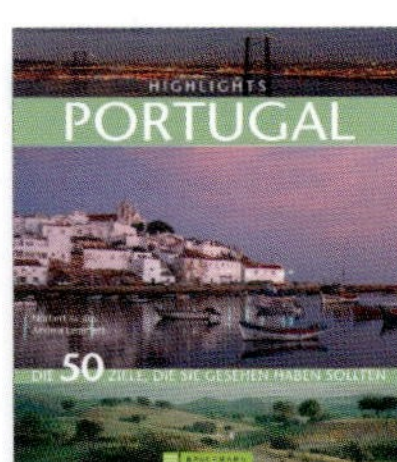

ISBN 978-3-7654-5533-9

ISBN 978-3-7654-4973-4

ISBN 978-3-7654-4748-8

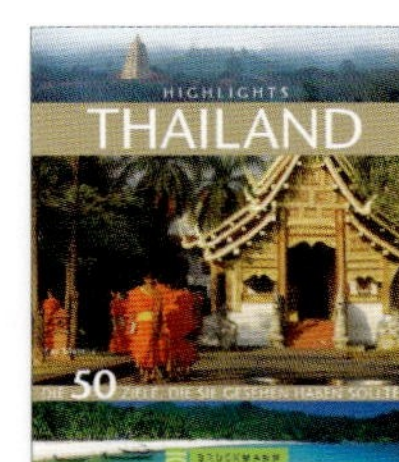

ISBN 978-3-7654-4749-5

ISBN 978-3-7654-5496-7

BRUCKMANN

www.bruckmann.de